見えない希望のもとで

永田竹司説教集

教文館

はじめに

本書は、わたしが国際基督教大学（ＩＣＵ）および国際基督教大学教会（ＩＣＵ教会）に勤めていた通年三三年間の中で、特に大学宗務部・ＩＣＵ教会牧師（補佐、副牧師期間を含め二三年間）在職中におこなった礼拝説教の中から、大学と教会両者でのかつての教え子の皆さんが検討し選択してくださった説教集です。ただし、文章については、必要な修正をいたしました。

キリスト教とは何か。多種多様な広い世界の中で、キリスト者の生き方にもし何らかの意味があるとしたら、それは何か。それが世界とどのように関わるのか。

キリスト者でありながら、自分の接触したキリスト教に絶望し、挫折感焦燥感を募らせた若い時代の経験に始まり、わたしはキリスト教の学問的探求の道に進みました。最初は神学・哲学に引かれましたが、結局、新約聖書学を専攻するに至りました。

聖書がテキスト独自の歴史的文脈において何を意味したかということと、現在何を意味するかということを明確に区別するという聖書釈義の根本を自分の心に刻みつけて、歴史的批評的聖書学の学びに励みました。今でも、この学問的研究方法は聖書を理解するために不可欠であると確信しています。

それでは、現代、具体的な社会の中で、さまざまな生活を営んでいる人々の前に、その人々に対して聖書は何を語っていると言えるのでしょうか。これはまさに聖書テキストの単なる歴史的釈義ではなく、時空を橋渡しする解釈の問題、解釈学的な課題です。

この問題意識から改めて考え直して見ると、聖書釈義によって得られるテキストの固定的意味を絶対化し、それをひたすら今日に適用するのが聖書的説教であるとする理解は、あまりに人工的に思われます。

本来、個別の聖書テキスト自体は、信仰共同体が依って立つところの多様な諸伝統と、それらの伝統を新しい必要に迫られつつ解釈して新たな伝統を再創造するという、解釈循環のダイナミックなプロセスに位置しています。旧約聖書やその他のユダヤ教あるいは最初期のキリスト教伝承などの解釈学的な展開の結果としての新約聖書テキスト、あるいはパウロに対する第二パウロ書簡などが分かりやすい例です。

このことは、たとえ聖書文書が聖典化され閉ざされたことにより、新しい解釈伝承が聖書の一部として付加されることがなくなったとしても、変わりません。

大胆に表現すると、聖書テキストは歴史的批評的釈義の対象であるというよりは、本質的にはむしろ信仰に生きることを共有する人々の解釈の対象であるということです。

釈義的字義的意味は、時に相対化され、解体され、新たに再構築されて、現在に語られなければならない性質のものです。例えば、ローマの信徒への手紙一章二六節以下を見れば、釈義的には、同性愛は否定されることになります。しかし、ローマの信徒への手紙一章が対峙している同性愛は、聖書の時代の「常識」と「欲望」というカテゴリーで問題にすることしか、なされていません。現代のわたしたちが対面している人間の所与の本質的個性としての同性愛を全く知りません。むしろ現代の視点から聖書の福音の性質を深く解釈すれば、少数者の個性と人権を尊重することが、ローマの信徒への手紙一章のテキストの字義的釈義に反して、そしてそれを乗り越えて、解釈学的に支持される選択枝と考えることも可能だということです。

説教は、時には啓蒙的に聖書釈義の手続きや議論を紹介してもよいかもしれませんが、それが聖書的説教だということにはならないと、わたしは考えるようになりました。聖書学を専門とする一人としては、残念なことですが、そうなのです。

以上、少し難しいことに触れましたが、最後にわたしが、神の言葉をどのように捉えているかを簡単に記します。

わたしは広い意味で、そして深い意味で、聖書は神の言葉であると信じています。そして説教も、神の言葉を語る、あるいは神の言葉を聞く営みであると信じています。その意味は、使徒パウロがテサロニケの信徒への手紙一の二章一三節で表明している事柄と同じです。

すなわち、パウロの言葉も、聖書全体も、すべて余すところなく「人間の言葉」です。パウロの経験からすれば、雄弁で神がかった演説ならまだしも、迫害から逃れて、やっとたどり着いたテサロニケの町で、弱々しく語ることしかできなかった、神々しさとは正反対の、ただの人間の言葉をパウロは語りました。パウロはそれを自覚しています。ですからパウロは、テサロニケの人々が、パウロの語ることを「神の言葉」として信じ受け入れてくれたことに驚き感謝の声を上げました。確かに語った内容は、生ける神のことやキリストの福音についてですから、その意味ではパウロが「事実その通りだが」と言っているように「神の言葉」と広い意味で言えます。しかし、パウロの語る人間の言葉を、異教徒の同胞から苦しめられても耐えるに至るほど、テサロニケの人々が「神の言葉」として受け入れ信じた。神の力が働くことにより、人間の言葉は、そのまま神の言葉として力を発揮しました。

神の言葉は人間の言葉と別な何ものかではなく、神の力が働くとき（ロマ一・一六、Ｉコリ一・

一八)、人間の言葉が、同時に神の言葉です。逆に、もし教条的に「神の言葉」を繰り返しても、神の力が働かなければ、ただの「騒がしいドラ、やかましいシンバル」です。

本書に収録されている説教は、ICU教会固有の事情もあって、そのつど主題を中心とした、いわゆる主題説教です。しかも、幾つかを除いて、ほとんどが、あまり聖書テキストの釈義的な解説なしの説教です。神を賛美し、神の恵みに生きる意味と幸いが会衆に、人々に届き、神の力がその方々に働くことを祈りつつなされた貧しい説教にすぎません。

本書が、ICU教会の説教記録として倉庫入りすることにならず、一人でも多く、関心のある方々に読んでいただければ、それ以上嬉しいことはありません。

多大な犠牲と尽力を惜しまないで、説教集というかたちで出版することにしてくださった方々、中でも特にICU卒業生であり、ICU教会で信仰生活に励まれ、今は東京神学大学で教鞭を執っておられる焼山満里子牧師、北中晶子ICU牧師、そしてNPO法人チャイルド・ファンド・ジャパンのスタッフ木村訓子さん、日本聖書協会のスタッフ白田浩一さんに心からの感謝を申し上げます。

目次

はじめに　3

第Ⅰ部　世界に開かれた生

世界に開かれた生　ルカによる福音書七章一一～一七節　14
空の鳥、野の花　マタイによる福音書六章二五～三〇節　24
生き生きした教会生活を目指して　ローマの信徒への手紙一二章一～五節　33
地域教会と世界宣教　コロサイの信徒への手紙一章三～八節　42
地上では旅人でいよう　ヘブライ人への手紙一一章八～一六節　54
キリスト者の希望の根拠　ローマの信徒への手紙八章二八～三〇節　64
迷うことを恐れるな　マタイによる福音書一八章一二～一四節　74
恵みゆえの楽観主義　ホセア書六章一～三節　83
大学と教会――最も大事ないましめ　マルコによる福音書一二章二八～三四節　92

第Ⅱ部　自由を与えるキリスト

自由を与えるキリスト　ヨハネによる福音書八章三一～三六節　104
神を喜ぶ　ローマの信徒への手紙五章六～一一節　116
わたしはどのようにしてキリスト者となったか　ヘブライ人への手紙一一章一～二節　120
真の自己を発見するために　フィリピの信徒への手紙三章一～一二節　126
もし神がわたしたちの味方であるなら　ローマの信徒への手紙八章三一～三九節　135
賢い人　マタイによる福音書七章二四～二九節　145
イエスとの対話　ルカによる福音書一六章一～八節　157
合理化を拒むイエス　ヨハネによる福音書九章一～五節　165
失敗と恵み――自由に生きるために必要な基本　マルコによる福音書一四章六六～七二節　170
神を悩ます　ルカによる福音書一八章一～八節　181
霊は人を生かす　コリントの信徒への手紙二　三章四～六節　189
あなたはどこにいるのか　創世記三章八～九節　200

第Ⅲ部　さらにまさる道

さらにまさる道　コリントの信徒への手紙一　一三章一～一三節　208

ゆるしといやし　マタイによる福音書九章一～八節　216
クリスマスの困惑　マタイによる福音書一章一八～二一節　223
神われらと共にいますや　マタイによる福音書一章一八～二五節　231
イエスの洗礼　マルコによる福音書一章九～一一節　243
右の手のすることを左の手に知らせるな　マタイによる福音書六章一～四節　255
見ないで信じる者となるために　ヨハネによる福音書二〇章二四～二九節　262
義と柔和が支配するために　マルコによる福音書一一章一～一一節　271
十字架を負う　マルコによる福音書八章三一節～三八節　281
死から命へ　マタイによる福音書二八章一～一〇節　288

編者あとがき　297

永田竹司牧師説教一覧　i

装　丁　熊谷博人
カバー写真　青地あい

聖書の引用ならびに書名・章節表示は、各説教の初出の時期にかかわらず、
原則として『聖書　新共同訳』（日本聖書協会、一九八七年）に統一した。

第Ⅰ部

世界に開かれた生

世界に開かれた生

ルカによる福音書七章一一～一七節

世界は狭くなり、多様な文化、宗教、人々の価値観や生き方があることは、今や、誰もが知るところです。異なった人々との共存、共生の大切さに気づいてきました。しかし、ユダヤ人イスラエルとアラブ系パレスチナ人との泥沼的問題、中東におけるイスラム世界と特にキリスト教世界と見なされているアメリカとの深刻な問題が代表するように、これらは、人間にとって宗教とは何か、信仰とは何か、を改めて問いかけています。そして、当然、キリスト教信仰とは何か、ということが、いっそう厳しく問われてきています。一言で言えば、キリスト教だけが唯一正しい信仰であると言わんばかりのキリスト教至上主義が問われていると言えるでしょう。

キリスト教の絶対性についての問題自体は、すでに過去長きにわたって神学者のあいだで論じられてきたことで、決して新しいことではありません。しかし、今や、そしておそらく将来においても、もはや神学者特有の課題というより、一般のわたしたちにとっても、避けて通ることのできない、現実的で具体的な問題になりました。

第一に、イスラム教を含めたユダヤ・キリスト教（排他的一神教）の教えがよく問題にされます。より戦闘的な一神教的思考を批判し、それに対する多神教的日本文化の優位性を唱道する梅原猛氏の主張はその代表と言えます。[*] わたしが家で購読している新聞の昨年暮れの記事でも、心理学者の河合隼雄氏とチベット仏教を専門としている宗教学者の中沢新一氏との対談において、[**] 一神教の排他的独善性に対して、多神教的あるいは仏教的な曖昧さの持つ寛容さが比較され、これからは、ますます多神教的、あるいは日本的宗教性が大切になると主張されていました。最近の仏教ブームは、その表れであるというのです。

＊　例えば、梅原猛『森の思想が人類を救う』小学館、一九九五年、一五八頁参照。
＊＊『朝日新聞』二〇〇三年一二月三一日朝刊。

しかし、本当はどうなのでしょう。

人類の歴史を振り返れば、一神教であれ、多神教であれ、曖昧な宗教であれ、いや、無神論で無宗教であれ、人類は、自らの権力をむさぼり、それを正当化する理屈を展開してきました。都合の悪い他者と戦い、支配してきました。その中で、支配者は、自らを神や神々の名を借りて絶対化し、正当化してきました。言い換えれば、人間が神、あるいは神々になろうとした歴史です。

他方で、一神教でも、多神教でも、人々のために、自己犠牲的に生き死んでいった崇高な人々も多くいたことは明らかです。一神教か、多神教かという問題ではないのです。むしろ、一神教であれ、多神教であれ、人間を超えた崇高な存在への畏敬が、貪欲で自己保身的なわたしたち人間を、深く戒め、反省させ、謙虚にする批判の力として働く信仰であったのか、あるいは、その逆に、自分勝手な人間の貪欲を正当化し、助長する働きをするものに過ぎなかったのか。ここに、問題の中心があるのではないでしょうか。つまり、問題は一神教か多神教かではない。それをどのように信じたのか、あるいは利用したのか。つまるところ、人間自身が問題なのです。

ですから、この問題はキリスト教徒にも、もちろん当てはまります。寛容と曖昧さを一方的に良しとするアジア的宗教信徒にも当てはまります。自分たちの信仰のチャレンジに誠実に従って、本能的に好きな仲間うちだけでなく、むしろ、利害の異なる他の人々の抱える深刻な必要のために本当に行動してきたのか、そうしたいと祈っているのかが問われています。

さて第二に、キリスト教信仰には、もう一つの問題があるとしばしば批判されます。それは、新約聖書に明らかなキリスト至上主義です。キリストによる救い以外に救いはない、という信仰です。神学的には、キリスト論への排他的集中、そしてそのキリストの体である教会至上主義の問題ということにもなるのでしょう。とりわけ、新約聖書の中でも、パウロから始まって、コロサイの信徒への手紙やエフェソの信徒への手紙に見られる教えが、その批判の典型的な対象として指摘されます。当然、多くの新約聖書学者は、教会的なキリスト教の教えとは区別される歴史的な生身のイエス自身の教えとふるまいに、解決を求めようとしています。

言うまでもなく、新約聖書の研究から、歴史的イエスをより鮮明に理解しようとする努力は、評価されてよいことであって、非難されることではありません。しかし、キリスト教徒と呼ばれるようになった初期の人々は、そのイエスを救い主、神の御心を明らかにされ、それを実現される神の子と信じた。これらの人々の信仰の証言と人生の物語が表現され展開された新約聖書の教えが、教会中心の護教論として一方的に否定的に受け取られるべきことだとは、わたしは思いません。

どのような見解に立つにせよ、わたしたち人間が、自分勝手な理想を正当化するために、聖書の語るところを、キリスト教信仰の独善的な自己主張に利用すると、恐ろしいことになります。反対に、聖書の語るところを謙虚に自己批判的に受け止めていく時、排他的で独善的な姿とは対照的に、神と、世界の人々のために仕えるキリスト教会、またその教会の一員となることができると確信しています。

先に朗読されたルカによる福音書七章一一～一七節は、ガリラヤ地方の南下、デカポリスに近いナインというところでの主イエスの奇跡物語です。聖書学の判断からすると、歴史的イエスに深く関係する癒しの奇跡物語とは違い、通常、歴史的イエスには戻らない、自然奇跡物語と考えられています。嵐を静めるとか、水の上を歩くとか、死んだ人を蘇生させるとかという奇跡を語る物語です。イエスがいかに偉大な力をもった方であるかを強調する、キリスト教会が作り出した物語と言われています。

確かに、このナインでの奇跡物語は、マタイにもマルコにも出てこない、ルカによる福音書にのみ登場する伝承で、歴史的イエスに戻るものではないと考えられます。文脈から見ても、主イエスが、歴史の終末に神から遣わされる偉大なエリヤのような預言者的救世主であるという信仰が生み出した奇跡物語伝承です。その資料となっているのは、おそらく旧約聖書の列王記上一七章一七～二四節のエリヤの物語、そしてヘレニズム世界の、たとえば、フィラストラトスの「テュアナのアポロニウス伝」四巻四五章のような、超人間的神的存在であることを強調する物語になぞらえて語られたものでありましょう。

夫に先立たれ、女性の権利など無に等しい時代、自分を守ってくれるものは誰もない、そういう寡婦である女性が一人息子に未来を託していた。ところがその一人息子が死んでしまい、生きるすべを奪われた。その息子の棺が担ぎ出されるところが、物語の設定です。その死んだ息子を、イエスが生き返らせたという奇跡物語です。ところが、この物語の中心はどこにあるのでしょうか。死んで生き返らされた息子ではありません。あるいは、その母親や息子の信仰でもありません。やもめが信仰深かったかどうかなどは、一言も語られていません。この物語の中心は、明らかに一三節です。つまり、「主はこの母親を見て、憐れに思」った。

どうでしょうか。わたしたちは、怒り、被害者意識、自己憐憫に満ちた人々にはよく出会います。しかし、心からの同情心、心からの愛にどれほど出会っているでしょうか。イエスはここで、この女性の信仰も道徳もいかなる資格も問題にしていません。ただひたすらに同情し、心の底からわき上がる気持ちに震えるように、棺に手を触れられました。この物語の本当の奇跡は、このやもめの女性が、いかなる資格を問われることも、求められることもなく、主イエスの一途な同情、全面的な愛に出会うことができた、ということです。オックスフォード大学の新約聖書学教授であったケアードは、このルカ一七章の前後を含め三つの奇跡物語に「愛のわざ」一、二、三という見出しをつけています。[*] まさにその通りです。「自然奇跡物語」ではなく、「愛のわざ」です。この愛に出会った女性は、「神を信じていて何の意味があるの」とは決して言わないでしょう。自己憐憫に自分を閉じこめることも、自分の境遇の不幸を呪うこともないでしょう。

＊ G. B. Caird, *Saint Luke*, Penguin Books, 1963. ルカ七章の注解には Love in action: (1) ... という小見出しが使われている。邦訳では「愛の業（やもめ）」等とし、一、二、三という数字は省略されている。『ルカによる福音書注解』藤崎修訳、教文館、二〇〇一年、三六頁など。

先日、『戦場のピアニスト』という映画を見ました。[*] ナチス・ドイツ軍によって、ポーランド・ワルシャワが文字通り「死の都市」と化した時、飢えながら逃げ惑うユダヤ人ピアニスト、ウワディスワフ・シュピルマンに、ドイツ国防軍大尉ヴィルム・ホーゼンフェルトが食料を与え、かくまいます。ホーゼンフェルトの日記から、神がなぜこのような悪が生じることを許されたのか、問い続けていたことが分かります。答えは得られません。しかし、隣人を愛することがキリスト者（彼はカトリック信徒）であるとの確信を放棄することはありませんでした。ユダヤ人ピアニストも、事態が逆転したとき、自分を助けたことがドイツ人将校の助けになるかもと考え、ドイツ人将校に自分の名前を告げます。シュピルマンは自伝の最後のページで、敗北して戦犯捕虜収容所で囚われの身になった名前すら聞いていなかったあのドイツ軍将校のことを「わたしが出会ったドイツ軍の制服を着た人間」と表現しています。** 一九五二年、ホーゼンフェルトはシベリアで病死しました。非道な悲惨に「なぜ」と問うわたしたちの疑問に簡単な答えはありません。しかし、劣悪な中でも、神の意思を信じ、他者と互いに配慮する隣人愛に生きることはできます。

＊　映画の原本となったのは、ホーゼンフェルトの日記の抜粋が付されたウワディスワフ・シュピルマンの自伝『戦場のピアニスト』（原題『死の都市』）佐藤泰一訳、春秋社、新装版二〇〇三年参照。

＊＊　『戦場のピアニスト』二二二頁。

もう二年ほど前に、評論家の加藤周一氏が、ある論説の中で、第二次世界大戦末期に、「それでも日本人か」という非難に、「どこの国民でもまず人間だよ」と主張した白井健三郎という人のことに触れていました。そして、こう加藤氏は述べています。「まず日本人」ということを主張するのは、「多かれ少なかれ大勢順応主義であり、当人が自覚しようとしまいと、権力順応主義でもあった」。しかし、道元禅師は、仏教の要諦《ようてい》を悟るか悟らないかは、当人の身分の上下とも、男女の差別とも、いわんやその宋人（中国古代の）たるか日本人たるかとも、何らの関係がない、と言い放っている。もし、先の白井氏と内村鑑三が同席していたとしたら、人は信仰によって義とされるので、国籍によって義とされるのではないと語ったであろう。国民の多数が、「それでも日本人か」ではなく、「それでも人間か」と言い出すとき、はじめて、人権は尊重され、平和の道を見出すであろう、と締めくくっていました。*

＊　「夕陽妄語」『朝日新聞』二〇〇二年六月二四日夕刊。

キリスト教におけるキリスト中心の信仰は、キリスト教の、ましてやキリスト教信徒自身の独善の根拠であってはなりません。むしろ、自分勝手な独善から解放された、隣人への、他者への、世界の人々へ向かう心からわき出る同情と愛の源泉ですし、そうでなければなりません。この新しい一年、前に向かい、外に向かって、世界に向かって仕え、祈る教会の歩みに共々励みたいと願います。

エフェソの信徒への手紙にある祈り（三・一七〜一九）を最後にお読みします。

信仰によってあなたがたの心の内にキリストを住まわせ、あなたがたを愛に根ざし、愛にしっかりと立つ者としてくださるように。また、あなたがたがすべての聖なる者たちと共に、キリストの愛の広さ、長さ、高さ、深さがどれほどであるかを理解し、人の知識をはるかに超えるこの愛を知るようになり、そしてついには、神の満ちあふれる豊かさのすべてにあずかり、それによって満たされるように。

（二〇〇四年一月一八日　聖日礼拝）

空の鳥、野の花

マタイによる福音書六章二五～三〇節

今から一五六年前、一八五六年、アメリカのマサチューセッツ州の牧師さんが、どうにかして子どもたちが教会に楽しく集まりキリスト教教育を受けて育ってくれるようにと願って、新しいプログラムを作りました。それが、一八六六年にはメソジスト派の教会の正式な行事になったそうです。月の第二日曜日を「子どもの日」としたのです。特に冬が寒いニューイングランド地方では、六月が一年で一番多くの花が咲く季節です。ですから、教会にくる人たちがたくさんの花を持ち寄り、教会堂を花で飾り、そして、礼拝後にその花を子どもたちがもって、街の病院や消防署などさまざまな施設を訪ねて感謝を伝えました。そこで、「花の日、こどもの日」と呼ばれるようになったわけです。

讃美歌四六六番は、「この世は花園《はなぞの》、こどもは花」という言葉で始まっています。本当にそうだと思います。いつまでも、そうであってほしいと願います。

しかし、どうでしょうか。わたしたちのこの社会、この世界は、子どもたちが花として咲き誇ることができる「はなぞの」としての状態を維持しているのでしょうか。特に一九七〇年代からとりわけ明確に、わたしたちが生きる世界の環境問題、生態系の危機が叫ばれるようになりました。

日本で一五歳まで育ち、後にカリフォルニア州のクレアモント神学校の教授になったジョン・カブ・ジュニアという神学者が『今からではもう遅すぎるか?』（郷義孝訳、ヨルダン社、一九九九年）という書物を書いています。

その中で、地球の始まりから今に至るまでの歴史を本のページ数にたとえて説明しています。カブは、五〇〇ページでできている本の一〇巻ものがちょうど地球の歴史だと言います。すると、細胞質の生命の発生が第八巻のどこか、そして動植物の話は、最後の第一〇巻に出てくるだけ、そして、この最後の第一〇巻の五〇〇ページ中、四九九ページに人類が現れる。そして、最後の第一〇巻の最後のページ、五〇〇ページの、しかも最後の二つの単語が、六〇〇〇年にわたる人類の文明の話が語られるところとなると言います。問題は次です。最後第一〇巻の最後のページ五〇〇ページ目の最後の一文字が、つまり一番最近の一〇〇年を表す一文字が、それ以前の生命の誕生以来一〇億年の推移を超えて作られてきたすべてのものを破壊してしまうという危機に、現在、わたしたちは直面していると警告しています。

もちろん、わたしたちは、野生動植物が絶滅したり、肥沃な土地がごみためになってしまったりすることを知っています。しかし、それでも、自然は無尽蔵で壊れることはない。我々の未来は、失敗や問題もあるだろうが、それでも科学技術の進歩によってよくなり、自然はわれわれの必要に無制限に資源を供給してくれると思ってきました。いや、今もそう思っているかもしれません。

しかし、地球温暖化をはじめ、自然環境の悪化から引き起こされるかもしれない人間社会での相互敵対的な行動による破壊まで含めて考えると、わたしたちが直面している自然環境問題はまさに危機的であると、多くの専門家は指摘しています。子どもたちにとって、世界は花園ではありえなくなるということです。

リン・ホワイトという学者が、西洋の環境問題の歴史的な根っこは、ユダヤ・キリスト教の一神教的な世界観にあると指摘しました（『機械と神』みすず書房、一九九九年）。自然は霊が宿る神聖なおそるべき対象ではなく、神の造られた被造物にすぎない。そして人間こそが神の形に似せて造られ、しかも植物も動物もすべてを支配する者としてくださった。創世記一章二六節、二八節にあるとおりですね。このキリスト教を背景として、西洋の合理的科学が発展し、科学技術を駆使した自然支配が進んだ。イエズス会の神父で学者のトマス・ベリーは、さらに指摘します。キリスト教に見切りをつけるかたちで世俗化を進めた近代西洋で、逆に世俗的科学・技術の物質的世界から自らを切り離してしまった観念論的キリスト教には被造物世界が欠如しており、それゆえ世俗的科学・技術に対する発言をしなくなったことが深刻な問題なのではないか（Thomas Berry, *The Dream of the Earth*, San Francisco, 1988 の九章、一〇章、特に一三二頁）。このような学者は、自然破壊をキリスト教が意図したのではないが、それでもキリスト教に、結果責任があると指摘します。それでは、キリスト教のような一神教ではなく、自然に神々が宿り、自然を聖なるものとする社会ならば、自然破壊、環境問題は少ないのでしょうか。

オーストラリアの著名な哲学者でもあるジョン・パスモアは『自然に対する人間の責任』（間瀬啓允訳、岩波現代選書、一九七九年）という非常に優れた書物を書いています。「生態学的問題と西洋的伝統」という副題です。パスモアは、日本語版への序文で、こう言っています。もし自分が日本を訪問していなかったら、この本を書かなかったかもしれない。どうしてでしょうか。パスモアは言います。京都の丘の寺院ほどに、人間のつくり出した物が自然に溶け込み、自然環境を高めているところはどこにもない。人間対自然の対立でなく、人間の力が自然に対して協力している姿を歴然と明らかにしている。ところが、他方で、大都会のみでなく、日本海側のいっそうわびしい海岸地帯ほどに、工業化による荒廃が明らかなところもほかにない。科学・技術による犠牲者は、特に日本において顕著である。水俣《ミナマタ》の名は世界中に響き渡っている。純粋な田舎住まいの良さに関するロマンチックな思いが妥当かどうかは、水田で働く農民たちの過重労働のさまを見ればすぐに分かる。美しい自然保全と、無駄の多い消費が同時に同歩調で進んでいるのが日本である。すなわち、非西洋的、非キリスト教的東洋の日本において、自然を大切にする文化と自然破壊が同じ歩調で進んでいるという大問題をパスモアは見たのです。

問題は、西洋か東洋かではありません。キリスト教的一神教か自然宗教かということではありません。どの専門家も言います。人間の欲望と尊大さを克服する禁欲的な倫理に内的に支えられた価値観、世界観が必要であるということです。

先に触れたジョン・カブ・ジュニア、その他の人たちは、キリスト教の伝統の中に自然に対する高い倫理に生きた一三世紀のアシジのフランチェスコ、そして現代のアルベルト・シュヴァイツァーをモデルに掲げます。自然に対するこのうえない親しみ、人間以外の生命に対する深い畏敬の念が、そこに明らかだからです。

確かに人間は神が造られた自然を管理し、食し、利用して生きるすべを得ます。それが神によって許され、与えられています。しかし、それはすべての創造者である主なる神に仕えるためであって、人間がエゴイスティックな欲望をむさぼるためでも、自分が神であるかのように傲慢になるためでもありません。例えば自分に管理を委託された場合、管理を委託した主人、あるいは上司の意図に反して勝手に使用することはだれもできません。また、しません。全く同じです。神に対して人は管理責任がつねに問われます。ここに自然に対して、神に人間は深い倫理的責任を負っています。

今日の聖書の箇所で、自分の生存と自己保存を求めるために心をかき乱す人間に主イエスは言われました。「空の鳥をよく見なさい」。原語を直訳すると、「空の鳥をじっと見つめてみなさい」という意味です。「野の花がどうして育っているか、考えて見るがよい」。熟考しなさい。よく観察し、学びとりなさい、という意味です。ルカによる福音書一二章二四節では、空の鳥ではなく、「烏《からす》」になっています。雀ならいくらかに売れたのです。しかし、烏は人々から忌み嫌われていました。忌み嫌われる無用と思われる鳥ですら、神が養っておられる。明日炉で焼却される野の草でさえ、神は見事に装っていてくださる。野の花の見事な装いから深く学びなさい。

アッシジのフランチェスコは「太陽の賛歌」という歌を一二二五年、死ぬ一年前の病床の中で、目も見えなくなった状態で作りました。平井篤子訳（オ・エングルベール『アシジの聖フランシスコ』創文社、一九六九年、二七六〜二八〇、二九四〜五頁）を引用して終わります。

おお　たたえられよ　わが主／すべての被造物によって／わけても兄弟なる太陽によって
太陽は昼をつくり／主は　かれによってわれらを照らす
かれはなんとうるわしく／なんと大いなる光輝を発していることか
いと高きおん方よ／かれこそは　おん身のみ姿を宿す
おお　たたえられよ　わが主／姉妹なる月と無数の星とによって
おん身はそれらを天にちりばめ／光もさやかに気高くうるわしくつくられた
おお　たたえられよ　わが主／兄弟なる風によって

また、空気と雲と晴れた空と／あらゆる天候とによって
おん身は　これらの兄弟で／つくられたすべてのものを支えてくださる
おお　たたえられよ　わが主／姉妹なる水によって
水は益多く謙そんで／とうとく清らかなもの
おお　たたえられよ　わが主／兄弟なる火によって
おん身はこの兄弟で夜を照らされる
火はきわめてうるわしく／喜ばしく　力強く　たくましい
おお　たたえられよ　わが主／われらの姉妹　母なる大地によって
大地はわれらをはぐくみ　つちかい／八千草の実と
色とりどりの草と花とを生み出す

すべての被造物よ！／主をたたえ　祝し　感謝せよ
深くへりくだって　主に仕えよ

おお　たたえられよ　わが主／おん身への愛のために許し／
弱さと苦しみを耐え忍ぶものによって
幸いなこと　終わりまで安らかに耐え抜くもの／かれはおん身より
いと高きおん方よ　おん身より／永遠の冠を受けるのだ

おお　たたえられよ　わが主／姉妹なる肉体の死によって
この世に生を受けたもの／この姉妹より　のがれることはできない
災いなこと　大罪のうちに死ぬもの
幸いなこと　おん身のとうといみ旨を果たしつつ逝《ゆ》くもの
もはや第二の死も　彼をそこない得ないのだ

（二〇一一年六月五日　花の日こどもの日　聖日礼拝）

生き生きした教会生活を目指して

ローマの信徒への手紙一二章一～五節

今日の礼拝は、いつもと同様の聖日礼拝であると共に、ＩＣＵ教会一日リトリートの最初のプログラムでもあります。そこで、リトリートの『ＩＣＵ教会とわたし、もっと生き生きするために』というテーマに即して、ご一緒に瞑想したいと願っています。

「生き生きとした信仰生活、あるいは生き生きとした教会生活」というと、なんだ、それでは、現状のＩＣＵ教会はなんだか、生き生きしていないといわれているみたいだと憤慨される方もいらっしゃるかもしれません。リトリート準備委員会もわたしも、そのようなことを考えていません。現状批判ではなく、どうにかして、いつも、そしてさらに、深い喜びと慰めと希望に満ちた心で教会につながって生活し続けたい。そして、願わくば、ＩＣＵ教会が命に満ちた教会であり続けたい。そのために何が大切か、どうあるべきかを皆さんとご一緒に考えたいということです。

結局、大事なことは、このことではないかと思うにいたりました。それは、「無理なことは何もしなくてよい」「何かをしようとするな」ということです。「何をしなければいけないか」という問いから始めると大切なことを見失ってしまいます。

まず、教会の命と力の源は、キリストの福音以外のなにものでもありません。世の中では、わたしたちは一人一人、さまざまに評価されるでしょう。

しかし、自分自身すら自覚していない心の奥にあることまで知っておられる神の前で、いったい、わたしたちは何者なのでしょうか。アブラハムを父祖として、宗教的にも道徳的にも立派に生きてきたと自負するユダヤ人に対して、バプテスマのヨハネはこう言いました。「『我々の父はアブラハムだ』などと思ってもみるな。言っておくが、神はこんな石からでも、アブラハムの子たちを造り出すことがおできになる」（マタ三・九）。

いや、バプテスマのヨハネのように鋭い人間批判を遥かに越えて、しかも、社会の通念も乗り越えて、イエスは、人々の信仰も、道徳も、資格も何も問題にしないで、神なき道をさまよう人間にただひたすら深い同情と愛のまなざしをそそがれました。そのことを思い起こす必要があります。その実に悲しい結果が、自分勝手な人間社会の邪魔者と見なされ、イエス自らが十字架で命を落とすことになった。福音書が証言している通りです。使徒パウロは、そのことを端的にまとめ上げて語っています。ローマの信徒への手紙五章六節以下、「実にキリストは、わたしたちがまだ弱かったころ、定められた時に、不信心な者のために死んでくださった」(五・六)、「わたしたちがまだ罪人であったとき、キリストがわたしたちのために死んでくださったことにより、神はわたしたちに対する愛を示されました」(五・八)。

ほとんどの人が、批判、怒り、自己憐憫、被害者意識などには何度も出会っていることでしょう。しかし、真摯な同情やまことの愛にはほとんど出会っていない。しかし、パウロが語っているとおり、「わたしたちに与えられた聖霊によって、神の愛がわたしたちの心に注がれている」(ロマ五・五)。わたしたちに何かができるからではない。わたしたちが何者かだからでもない。それどころか、神に敵対する者であったにもかかわらず注がれた、この神の愛こそが、わたしたち一人一人の、そして教会の命と力の源です。

わたしたちは、いろいろな人たちとの出会いに一喜一憂します。いろいろなことに喜んだり、思い煩ったりします。しかし、たとえ何もできなくても、何者かでなくても、愛されて喜ばない人、愛されて目を輝かせない人、愛されて生き生きとしない人、愛されて新しい人に変えられない人は、いません。いや、そうではない。愛するからこそ、愛する者のうらぎり、愛する者の重い病や不幸、そしてなによりも愛する者との理不尽な死別は、受け入れがたく耐え難い人生の不条理となるのかもしれません。愛こそが不条理をもたらすと叫びたいかもしれません。その通りです。

しかし、思い切って神に目を向けてみましょう。神ほどわたしたちに対する不条理な愛に生きておられる存在はいません。愛される資格のない者のためにイエスの命を犠牲にして愛し、愛に応えられない者に許しをもって応答される神の愛こそ、不条理のきわみです。この神の愛に支えられる時、わたしたちは、不条理を叫びたてることを、ふと、やめることができるかもしれません。

これらのことを絶えず思い起こし、その意味するところに思いを巡らすことが何よりも大切なことです。それは、神の愛の前に、素直に謙遜になること、幼子のように自らを神様に明け渡し、神に信頼し、従う者となることにつながります。それが、今朝の聖書の言葉が語る真の礼拝の姿です。「あなたがたに勧めます。自分の体を神に喜ばれる聖なる生けるいけにえとして献げなさい。これこそ、あなたがたのなすべき礼拝です」（一二・一）。

だからこそ、教会は、まず何をおこなうか、何ができるかということよりも、このような霊的な礼拝を第一に大切なこととするのです。教会の礼拝に静かに出席し、席を温め、お隣に座った方、あるいは顔を合わせた方々に対して素直に、謙遜で暖かい思いやりと親しさを分かち合うだけで、教会は神の愛と平和に満ちた暖かい命と安らぎの場になります。それだけでは、ありません。一人一人の方が、不条理や不幸や、あるいは本当に神はいてくださるのかという複雑な思いや疑いの経験を経たすえの信仰の姿から、御利益やわがままな幸福追求ではない、人間としての最も大切な何かを、将来を背負う若い世代が発見してくれるかもしれません。疲れて何もできない、能力がないから何もできない。それは、かまいません。悪く思う必要はありません。教会のいすを温めてくださるだけで十分です。いつもの顔をお互いに確認するだけで、必ず誰かの心も温めることになるのです。

その上で、はじめて、それでは教会のために何ができるかを考え、具体的に奉仕するという事柄が始まります。

そこで、もう一度、ローマの信徒への手紙一二章三節と六節以下のパウロの勧めを読んでみましょう。

「わたしに与えられた恵みによって、あなたがた一人一人に言います。自分を過大に評価してはなりません。むしろ、神が各自に分け与えてくださった信仰の度合いに応じて慎み深く評価すべきです」(一二・三)、「わたしたちは、与えられた恵みによって、それぞれ異なった賜物を持っていますから、預言の賜物を受けていれば、信仰に応じて預言し、奉仕の賜物を受けていれば、奉仕に専念しなさい。また、教える人は教えに、勧める人は勧めに精を出しなさい。施しをする人は惜しまず施し、指導する人は熱心に指導し、慈善を行う人は快く行いなさい」(一二・六～八)。

エネルギーとアイデアに満ちた若い皆さんには、あれこれ言う必要もなく、議論し、活動することがいくらでもあると思いますので、あえて、お年を召したキリスト者のできる最善のわざについての瞑想をみなさまにご紹介いたします。これは、決して誰かをターゲットにして、こうなりなさい、こうしなさいと言いたいのではありません。むしろ老いた信仰者の視点から捉えた奉仕の根本的な姿勢に、年齢を超えて聞くべき深い示唆があるように思うのです。みなさまもすでにご存じかもしれませんが、ヘルマン・ホイヴェルス神父の「最上のわざ」という文章です。

この世の最上のわざは何？
楽しい心で年をとり、

働きたいけれども休み、
しゃべりたいけれども黙り、
失望しそうなときに希望し、
従順に、平静に、おのれの十字架をになう。

若者が元気いっぱいで神の道を歩むのを見ても、ねたまず、
人のために働くよりも、
謙遜に人の世話になり、
弱って、もはや人のために役だたずとも、
親切で柔和であること。
〈中略〉
おのれをこの世につなぐくさりを少しずつはずしていくのは、
真にえらい仕事。
こうして何もできなくなれば、
それを謙虚に承諾するのだ。

神は最後にいちばんよい仕事を残してくださる。
それは祈りだ。
手は何もできない。
けれども最後まで合掌できる。
愛するすべての人のうえに、神の恵みを求めるために。

すべてをなし終えたら、
臨終の床に神の声をきくだろう。
「来よ、わが友よ、われなんじを見捨てじ」と。
（『ホイヴェルス神父　日本人への贈り物』土居健郎・森田明編、春秋社、新装版二〇〇二年、九八〜一〇〇頁）

確かに、神様に明け渡し、神様に信頼した「最上のわざ」とはどういうことかが、ひしひしと伝わってきますね。
皆さん、さらに生き生きした活動的な教会にするために、できることに励んでください。是非とも経済的自立を目指し、あるいはそれ以上の将来への展望をもって支え、献金額を思い切って増やしてください。教会のために、人々のためにさらに祈る人になってください。午後のリトリートの時間に大いに話し合ってください。

しかし、何よりもまず、この礼拝の時、わたしたちひとりびとりの命と喜びの源泉である主イエス・キリストの愛、自らの栄光よりも、権威よりも、豊かさよりも、苦難と不条理を自ら背負って、貫徹されたキリストの愛を改めて思い起こしましょう。そして、その愛の視線の位置と方向を瞑想してみましょう。

何が見えてくるのでしょうか。

（二〇〇二年一〇月二七日　教会修養会　聖日礼拝）

地域教会と世界宣教

コロサイの信徒への手紙一章三～八節

この暑い夏の日に、頭が痛くなるような難しい聖書のテキストの解説を始めるつもりはありませんが、昨年の一〇月号から今月中に出る九月号まで『聖書と教会』という雑誌にコロサイの信徒への手紙の注解を行ってきました。実際には、ただ最初の一章が終わっただけです。その中で、わたし個人として最も強く印象づけられたこととといいますか、心に残ったことが一つあります。

それは、手紙の著者がコロサイにある小さな地域教会の会衆の信仰を励まし、必要な教えを与えるのに、単に狭いコロサイの人たちだけの事柄としてではなく、常に全世界、全宇宙の主であり、贖い主である御子イエス・キリストの視点から、あるいは、そのキリストを頭とする全世界に広がる全体教会を常に強く意識して、全世界大的な観点からコロサイの地域教会の信仰のあり方を考えているということです。

手紙の著者として登場する使徒パウロは、三節で、コロサイのクリスチャンたちのことを思い、かれらのために祈るとき、いつもかれらのゆえに神に感謝している、と言います。というのは、かれらが主イエスにしっかりつながって信仰を持ち続けており、しかも身近な自分たちの仲間だけでなく、全世界に広がるキリスト者たちに対する愛を抱いていることを聞いて知っているからだ、と四節で理由を挙げています。このような信仰と愛をコロサイの教会員がもつことができたのは、かれらに宣べ伝えられたキリストの福音のゆえです。

その福音とは、やはり、コロサイの人たちだけのものではありません。いや、むしろ六節ではっきり述べられているように、その福音とは、全世界で、世界中のいたるところで、樹木のように成長し、実を結び続けている。その同じ福音が、全世界でそうであるように、あなたがたコロサイの地域教会においても実を結び、成長し、力強く働き続けている、と言われています。このように、手紙の著者は全世界的な全体教会とコロサイの無名の小さな地域教会とを切り離して考えることができないものとして、むしろ両者を緊密に結びつけて捉えていることが分かります。わたしは、この点は非常に大切なことだと思いました。

わたしたちには、コロサイと聞いても何もイメージがわきませんが、ここは現在のトルコ西部にあたるリュコス川渓谷にあった町です。紀元前五世紀頃には既に大きな町として知られ、羊毛を中心とした織物と染色が盛んなところでした。ところが、後から近隣に建てられたラオディキアという町が急速な発展を遂げ、紀元前一世紀には、このラオディキアが経済的にも司法行政面でも中心的な都市になり、それに反して、コロサイはその重要性を失っていきました。しかもローマ皇帝ネロの時代にはこの地方で大地震があり、ラオディキアの町の復興については歴史に記録が残っているものの、コロサイの名は、その後の歴史文献には二度と出てきません。ですから、手紙が書かれたのが地震の前であったとしても、コロサイは過去の重要性も繁栄も失った小さな町に過ぎなかったし、ましてや地震の後に書かれたとすれば、コロサイの町は地震によって破壊されたままの廃墟同然のところであったかもしれません。

いずれにせよ、荒廃しつつある、あるいは既に荒廃した小さな渓谷の町の中の、さらに小さな一かたまりの人々からなるコロサイの教会のことを考えなければならないとしたら、わたしたちは通常どうしても悲観的になり、閉鎖的になり、どこか隅っこに押しやられたようになりがちです。

このコロサイの信徒への手紙の著者パウロは、それとは逆です。全世界に広がる全体教会に目を開き、全宇宙の贖い主であるキリストによって確実となった救いの希望に支えられて、世界大的な広大な視点からコロサイの教会を捉えようとしている。キリストの福音とは、このような考え方、物事の捉え方、生き方をわたしたちに教え、またなさしめるものだ、ということを改めて学んだ次第です。

そして、このことは、この三鷹の大沢にあるＩＣＵ教会のわたしたちにもあてはまることです。もちろん、ＩＣＵ教会はコロサイのように、過去の重要性と繁栄を失い、荒廃しつつあるという意味では決してありませんが、しかし世界的な視野を持ち、とくに世界中の教会のことをしっかり自分たちの視野に入れて、わたしたちの信仰生活、教会生活を考えていくことがどんなに大切か、ということです。

わたしは、以上のことが文字通りそうであるということを、この夏、フィリピンとインドを訪ねて、痛感いたしましたので、最後にそのことを少しお話しして終わりたいと思います。

最初にフィリピン訪問のことからお話ししたいと思います。皆さんもよくご存じのようにタイでのワーク・キャンプも回を重ねてきました。その意義の大きさも明らかですし、参加希望者も大変多い。そこで、もう一つ、フィリピンにおいてもワーク・キャンプを計画してはどうだろうか、という声が出てきました。とはいいましても、やはり現地の大学なり、教会なりが具体的なプログラムを立て、イニシアチブを取っていただけるのでなければ、長続きする有益なプロジェクトにならないだろう、ということで、ＩＣＵと交換留学プログラムを行っているシリマン大学との合同プロジェクトとして話を持ちかけることになりました。

シリマン大学は、マニラから飛行機で約一時間ほどの距離にあるネグロス島のドゥマゲティという海に面した町にあります。この新しいワーク・キャンプについてはあらためていつかお話し、協力をお願いすることになると思いますが、結論から申しますと、シリマンの皆さんの強い支持をいただき、具体化に向けて既に作業が始まっています。

さて、フィリピンから帰りました時に、皆さんに少し紹介いたしましたが、ＩＣＵの大学そして教会とシリマンの大学そして同じくシリマン大学教会とが、組織的にということだけでなく、どんなにキリストの福音と信仰においてつながっているか、ということを知る旅行になりました。

何よりも喜ばしいニュースは、シリマン大学からＩＣＵに交換留学生としてここで学び、しかもＩＣＵ教会の会員、あるいは定期的な参加者として信仰の交わりを持った学生たちが、帰国後、それぞれの地域で、とくに教会のために大活躍していることを知ったことです。一九八〇年の夏に帰国したヘーゼルとホープという二人の女子学生は、ミンダナオ島に帰ってからも一人は学校の先生として、もう一人は、牧師夫人となって子どもの聖歌隊をつくり、コンサート旅行をして巡るほどのものにして大活躍をされています。一九八一年からＩＣＵに来たミカイル・マキシーノ君は、お父さんが市長をなさったこともあるドゥマゲティ市の有力なカトリックの大家族の出身ですが、当時ほとんど無神論者であったミカイル君が明確に信仰を持ったのは、このＩＣＵにおいてであったことを、今回初めて大学教会主任牧師のウダルベ牧師と本人の両方から聞きました。

冬が近いある夜にバイト先からバイクで寮に帰ってくる時、冷たい雨にびしょぬれになりながら、いったい何の理由で、何のために自分は、日本にいて凍えながらバイクに乗っているのか、と考えて、気がおかしくなるほど惨めで不安だったと言っていました。よく教会の正面の蛍光灯で照らされる十字架は、センスがないから蛍光灯を取り外したらどうか、という意見も聞きますが、その晩、ミカイル君は、正門から雨に濡れて凍えて帰る途中、目にはっきりと見えたのがその十字架だった。そして、本気で主イエス・キリストを信じてやり直そうと、思い立ったそうです。

彼はフィリピンに帰国後、シリマン大学を卒業し、さらにフィリピン大学で法律を学び、弁護士試験に上位二〇位以内の優秀な成績で合格しました。教会もシリマン大学教会に加わり、青年会の指導者として大活躍をしています。ウダルベ牧師の話によると、一年間の休暇でアメリカに行って教会を留守にしていた間に、大学生を中心とする青年会が何倍にも増え、各学生寮には聖書の学びと祈りの会ができていた。牧師がいない方が良いらしい、とおっしゃっていましたが、とにかくシリマン教会がそのように生き生きしたものに変わったのには、ミカイル君とその仲間たちの指導が決定的だったようです。現在は、弁護士としてだけでなく、シリマン大学のように授業料の高い大学へ行くことができない若い人たちのために創られたファンデーション大学という学校で法律を教えつつ、学生部長代行としても人々の信頼を集めています。つい数日前にもらった手紙では、マイク・ロメロという国会議員の司法秘書になってほしい、そしてゆくゆくは政治の世界で活躍してほしいと強く要請されているが、自分としてはドゥマゲティの貧しい人たちのために、この島の町で頑張って行きたい、そこでキリストの福音を証言していきたい、と書いてありました。

彼の信仰につながった、ＩＣＵでのいろいろな体験を話してくれましたが、その一つだけ紹介します。当時カナダの合同教会から派遣されＩＣＵで教えられていた先生に、ハーダー先生御夫妻がおられました。ミカイル君が初めての冬の体験で寒くて眠れず思い悩んでいたとき、ハーダーさんが電気毛布を買ってプレゼントしてくださったそうです。その時、それを知ったアメリカ人の留学生たちが、おれたちにも同じように電気毛布をくれなければ、不公平だ、と文句を言っているのを耳にして、本当に惨めに感じたそうです。もちろん、全員に電気毛布を支給することができれば、それにこしたことはありません。そんなことは誰にも分かっています。しかし、それができない状況の中で、ハーダーさんは、このいわゆる愛のない悪平等の論理に耳をかさず、寒さで眠れないという一人のフィリピン人留学生に毛布をプレゼントしてくれた。その思い切った親切が、今でも忘れられない、自分もそういう愛のある行為を一つでも他の人にしてあげたい、と言っていました。わたしたちは、愛なき公平の論理によって、愛の実践の不公平を恐れてはならない、と思います。

この町には評判の良い一つのホテルがありますが、その主人もシリマン大学教会の会員で、ホテルの従業員たちは全員がファンデーション大学の高等学校や大学に午前中と午後に分かれて通学しています。学校に行って教育を受けることが、このホテルで従業員を雇う条件になっています。こういう形で、ホテルの主人は、キリスト者として、次の世代を担うべき、そのままでは貧乏で教育を受けられそうにない若い人たちを助けています。

マニラには、一般にスモーキー・マウンテンと呼ばれている、文字通りごみでできた丘といいますか山があります。そのごみ山の中で、そのごみで命をつないでいる一万人もの人々が住んでいるスラムを見に行きました。近づくだけで吐き気がして、熱が出そうな状況ですが、しかしそこにもチャペルが作られており、カナダからの宣教団体が週何度か礼拝を行い、人々に食料や薬を供給しています。社会の中の問題は複雑で、その解決には徹底的、専門的な研究と努力が必要なことは、当然ですが、それにもかかわらず、広い世界の片隅で、何の大きな変革にもつながらないような、取るに足りない小さな愛の実践をこつこつ、毎日行っているこれらのキリスト教会、キリスト者たちの存在を覚えていることは、決して意味のないことではない、と思いました。ＩＣＵ教会員の松浦君もマニラで子どもたちが教育を受けることができるようにするための里親運動の事務所で働いていますし、青木理恵子さんも、フィリピンで社会福祉的な仕事をしたいと願って、今マニラで社会学と福祉の勉強をしています。

次に三週間、北インドの一部を訪ねました。デリーから約二八〇キロメートル、ヒマラヤ山脈のふもとまで北に上ったところです。標高二〇〇〇メートルのムスーリーという町ですが、イギリス植民地として、かつては大邸宅が立ち並び、スイスのような町並を思わせるところです。しかし、今は全くの廃墟です。壊れるものは壊れるまま、腐るものは腐るまま、発展どころか、毎日、毎年、荒廃の一途を辿っているようです。そして、その廃墟に大勢の人々がそのまま住んでいます。

しかし、わたしたちが宿泊したキリスト教主義の学校のゲスト・ハウスで、多くのキリスト教宣教師の家族、キリスト教奉仕者の方々にお会いし話を聞くことができました。宣教師といっても、それぞれ専門分野での特別の技能や資格をもって活躍されている方々です。例えばお医者さんであるとか、村の上水道、下水道などの衛生管理の技術者であるとか、孤児院を運営するとか、さまざまな立場で、地域の人々に奉仕するという人たちです。

ICU教会のラッカムさん御夫妻とトロントの宣教師会議で一緒だったというカナダ人で、長くネパールに下水道の技術者として衛生管理の奉仕をしている宣教師家族にも会いました。自分たちの子ども二人と養子にした二人のネパール人の子ども、全部で四人をこの町の国際学校にいれるために、三、四日の陸路の旅をしてやってきたということでした。このような宣教師の人たちが、本当に故郷から遠く離れた、文字どおり大変な山の中にやって来て、現地の人々の日常生活で必要とされていることのために働き、現地の子どもたちを養子にして生活している。

日系の方で、アメリカ長老教会から送られているお医者さんのドクター・サトウにもお会いしました。その町でもう三〇年も宣教師として医師をされているそうです。過去に七年も衛生管理のためにこの町で働いたイギリス人医師家族も、久しぶりの休暇がとれたからと、この町のその後の衛生管理の状況を心配して、はるばるロンドンから来ていました。

今、申し上げたようなことは、数限りなく世界中のいたるところでなされているキリスト教会、またキリスト者の働きのほんの一部に過ぎません。しかし、このような人々に会うことは、驚きであり、喜びです。今も、このような方々が毎日働いているのです。このような人々を通して、福音は伝えられ、成長し、実を結んでいます。

このようなキリスト者の奉仕者に感動したのと同時に、いや、それ以上にわたしが考えさせられたのは、そのような技術や資格があって、しかも遠く離れた未知の世界で奉仕しようとするキリスト者を生み出し、派遣し、その経済やプロジェクトを深い関心と情熱をもって、そして多くの犠牲を継続して払い続け、支え続けている諸教会が今も存在している、ということです。人材を生み出し、支え続ける教会がなければ、このような活動は全く不可能です。それが、今も存在し活躍しているのです。

このような世界のいろいろなところでの宣教、奉仕活動は、決してわたしたちの地域教会の信仰生活と無関係ではありません。このような奉仕者の生活と、そして、同じキリストの身体なる教会の枝であるはずの日本での、ここでのわたしたちの毎日の生活、信仰のあり方、献金の仕方、そして教会としてのヴィジョンとを切り離して考えることはできないのではないでしょうか。

（一九九〇年八月一二日　聖日礼拝）

地上では旅人でいよう

ヘブライ人への手紙一一章八～一六節

先週の月曜日、一一月一二日には、天皇の即位の礼が行われました。そして二二日、二三日にかけて、大嘗祭が行われます。第二次世界大戦あとの象徴天皇としての最初の即位とその関連の儀式が行われるということで、象徴天皇制とは何か、神道の宗教的色彩の濃い皇室儀礼と国家との関わり、特に政教分離の原則をうたう憲法と接触するのかどうかなど、いろいろなことが問題となっています。皆さんもそれぞれ考えてこられ、また異なったいろいろな意見をお持ちのことでしょう。特にクリスチャンとして、どのように理解すべきなのか、大変複雑な問題です。即位の礼に先立って、宗務部では、この問題を日本の歴史、憲法、宗教文化、日本のキリスト教の歴史などの各視点から、それぞれの分野の専門の先生方から問題報告をしていただき、それに対して、いろいろな意見や質疑をするという討論集会（teach-in）を主催しました。

そこで改めて考えさせられたことの一つは、「象徴」という言葉の意味の重さです。古屋牧師が、有名な神学者の言葉を引用して、象徴ということについて、「単なる象徴（mere symbol）に過ぎない」というような象徴などない、とよく説教の中でとりあげますが、国家の権威を象徴するというようなとき、象徴は、それこそ個々の実務を行う者では持ちえない、絶大な力を持つことができます。それこそ、天皇が単なる政治家や軍人ではなく、日本の国体の象徴であったからこそ、個々の意見や批判や考えの違いを乗り越えて、その天皇のために自分の命さえも犠牲にささげることを可能にさせたのでしょう。象徴とは、良くも悪くも、実に偉大な力、影響力を持つ重い言葉であって、どうでもよい無力な言葉ではありません。

もし象徴という言葉が偉大な力を持つものであるとすれば、大切な問いは、それでは何を象徴しているのか、ということです。もし国民にこそ主権があり、国民が国家であるというのであれば――そしてわたしはその通りであると信じていますが――それでは国民主権を象徴する天皇というのはあり得るのか、あるとすれば、どんな形であり得るのか、国民主権を象徴するにふさわしい即位の仕方はどうあるべきであろうか、ということが大切な問題になると思います。

そして、クリスチャンとして何よりも重大な問題として感じたことは、天皇はいったい誰のための象徴で、誰のための象徴ではないのか、という点です。日本国民のための象徴であるというとき、聞こえは良いのですが、しかし誰が、その日本国民を構成しているのか、アイヌや部落民として差別されてきた人たちにとって、また日本に強制的に連れてこられた人々の子として日本で生まれ育ち、日本しか知らない在日の韓国や朝鮮の人たちにとっては、何を象徴するのか、台湾や中国やその他のアジアの諸国の人々にとって何を象徴し、自分の生まれ故郷をあとにして日本人のために、日本でその生涯の最も大切な年月をささげて奉仕している宣教師の人たちにとって、何を象徴するのか、ということです。たとえ仮に、「いわゆる日本人」にとって意味ある象徴であっても、共に生きていかなければならない隣人である他の人々にとって忌まわしい事態を象徴するようなことが万が一にもあるとすれば、わたしたちは、よほど真剣に慎重に、この問題を考えなければなりません。

以上のことについて、一つの統一した答えがあるとは思いません。皆さんの間にも、きっと非常に違った立場、意見があることと思います。しかし、どのような見解を最終的に持つにせよ、これらは真剣に考えなければならない問題です。

さて、以上のようなことを考えながら、わたしには、それではクリスチャンとは究極的には何人であろうか、どこの国に属するのか、という問いが改めて大切な問いとして浮かんできました。

確かにわたしたちは、日本人であったり、アメリカ人であったり、カナダ人であったり、台湾人であったり、韓国人であったり、ドイツ人であったり、スウェーデン人であったり、その他、まだここに居られる皆さんの国が落ちていたら、お許しください、とにかく、それぞれの国に属しています。しかし、そのそれぞれのこの地上の国に属しているわたしたちが、一つのキリストの身体なる教会に属している兄弟姉妹であるとは、どういうことなのでしょうか。そして現に、このＩＣＵ教会においても、人数こそ多くありませんが、いろいろな地上の国に属している者が、今、一緒にここに集い、一緒に同じ主イエス・キリストの名によって神を礼拝している、この事実は何を意味しているのでしょうか。地上の国の違いを乗り越えて、何をなし、何を築きあげようとしているのでしょうか。机上の空論ではだめです。

皆さん、キダーさん御夫妻のことを考えてください。デュークさん御夫妻のこと、キャシー・トムソン夫人のこと、ラッカムさん家族のこと、トンさんのこと、その他、もっともっと、名を挙げて考えてみてください。退職まで生涯をここで奉仕にささげられたワースさんのこと、そして地上の生涯を燃やし尽くし、宣教の地で天に召されたラリー・トムソンさんのことを、考えてみてください。そして、今ＩＣＵ教会から送られて、タイのチェンマイに行っている方々のことを考えてください。わたしたちは本当にはどこの国に属し、どのような世界を生み出そうとしているのでしょうか。それは、なぜでしょうか。

今朝の聖書の箇所には、アブラハムという聖書の人物のことがでてきましたが、ある新約聖書の学者は、新約聖書の中で「アブラハム」という聖書の人物がどのように捉えられているかを研究すれば、その聖書記者が自分たちを神の救いの御業を物語る歴史の中でどのように理解し、どのような自己理解を持っていたかが良く分かる、と言いました。その通りです。アブラハムは、ユダヤ人にとっても、クリスチャンにとっても、それこそ重要な象徴的存在でありました。

ユダヤ人にとって、アブラハムはユダヤ民族の父、ユダヤ民族はアブラハムの子、子孫でありました。「わたしたちの父、アブラハム」と言うことによって、ユダヤ人は、わたしたちこそ神によって選び分かたれた選民イスラエルであるという、民族の誇りをうたい、他の異邦人とは異なるユダヤ民族の特権を表明しました。このようなアブラハムの子であるという誇りが、ユダヤの律法を守ろうとしても、そんな生活ができる余裕もない貧しいユダヤ人の階層に対する軽蔑と差別をユダヤ宗教社会内部に生みました。「わたしたちの父、アブラハム」と人々が言う時、敬虔さを装った民族的誇りと同時に、ユダヤ宗教社会で落ちこぼれと見なされた多くの人々はもはやアブラハムの子孫としての資格はないという差別意識を意味しました。そしてまた、アブラハムの子、神の選民であるユダヤ人と汚れた罪人である異邦人という対外的な差別を意味しました。アブラハム、それはユダヤ民族主義の象徴となっていました。

主イエスの先駆者であるバプテスマのヨハネは、このことを激しく非難しました。「『我々の父はアブラハムだ』などという考えを起こすな。言っておくが、神はこんな石ころからでも、アブラハムの子たちを造り出すことがおできになる」（ルカ三・八）。

主イエス御自身は身をもってユダヤ社会のなかの無資格者とされていた人々を愛しました。親しく交わり、その友となりました。神はこのような人々を愛しておられ、保護されることをイエスは実証しました。そのことが、ヨハネによる福音書ではこう言われています。「アブラハムの子なら、アブラハムと同じ業をするはずだ。ところが、今、あなたたちは神から聞いた真理をあなたたちに語っているこのわたしを、殺そうとしている」（八・三九〜四〇）。そしてイエスは、これらのユダヤ人指導者を批判し、あなたがたの父はアブラハムではなく、悪魔だと言われました。

さて、クリスチャンにとっても、アブラハムは象徴的存在でした。しかし、ユダヤ人の民族主義的意味とは全く異なった象徴として理解されました。年老い、もはや自分自身のうちには、何も新しいものも、子孫も生み出す力もない無力な枯れた存在であることを百も承知で、ただただ神を信頼し、神のあわれみと恵みの約束を信じる信仰の人の象徴でした。

ユダヤ人でも、異邦人でも、自由人でも奴隷でも、男でも女でも、強い者も弱い者も、富んでいる者も貧しい者も、人間であれば誰にでも可能な、ただ神の恵みとあわれみを信じる信仰の象徴です。パウロはローマの信徒への手紙の四章で、このことを力強く語っています。そして、今朝の聖書の箇所であるヘブライ人への手紙で、アブラハムは、神に呼ばれた時、その神を心から信頼し、その信仰によってのみ、住み慣れた土地、現代でいえば自分の国も、財産も、思い煩いも、すべてをあとにして、行方も知らぬ旅へと身を投じた冒険の人として捉えられています。アブラハムは地上の地理的な故郷に執着することをしないで、神が御心を行われるところ、神の都、神の国を目指して出発した、旅人の自由な心を持った人の象徴です。アブラハムが本当に帰属する国は、神の国でした。わたしたちクリスチャンにとっても、まさにそうではないでしょうか。

民族や国家の問題、それと深い関係にある戦争と平和の問題は、実に複雑です。日本の文化や歴史だけが問題だと言っているのではありません。イエズス会の神父で、上智大学の教授のアルフォンス・デーケン先生のことは、よく知っておられる方が多いと思います。

ある本の中で、なぜ神父になって、自分の故郷を離れ、遠い日本の地で生涯を過ごそうとすることに決めたのか、その決定的きっかけになったことは何かを、書いておられます。

デーケンさんのおじいさんは、ドイツ人でありながら、ドイツで命懸けでナチスに対抗して、反ナチスの活動をした人で、ヒトラーの独裁から連合軍によって解放される日を心待ちにしていた一人でした。そのおじいさんが、敵意のないことを示す白旗をかかげてアメリカとイギリスの連合軍を歓迎して出たその時、幼い子どもであったデーケンさんの目の前で、おじいさんは、よりにもよって、その連合軍兵士の手によっていきなり射殺されました。

幼いデーケンさんが抱いていた善と悪との図式は跡形もなく突き崩されて、戦争の不条理を思い知らされたと書いておられます。汚れきった軍服に身を包んだ連合軍兵士は、デーケンさんの家にやって来て、今何時かと父親に尋ねたので、父親が家宝の金時計をとりだすと、それをひったくって、自分のポケットに入れてにやにやしていたというのです。その時、デーケンさんは、自分の正義感も理想もめちゃくちゃにし、おじいさんを射殺した兵士を、主イエスが「汝の敵を愛せよ」と教えられたように、本当に愛することができるのか。その問いへの答えが、自分の信仰の人生を決定する分かれ道になるとはっきり意識したというのです。

口を開くのにも、あらん限りの全身の力をふりしぼらなければならない硬直した状態で、片手を差し出して、英語で「ようこそ《ウエルカム》」とデーケンさんは言いました。デーケンさんの敵は、彼を見下ろして、ニヤリと笑い、身をかがめて、ポンと彼の肩をたたいて去っていきました。デーケンさんの緊張は限界に達していました。兵士たちが出ていくやいなや、おじいさんの亡骸の脇にひざまずいて、あとからあとから涙が溢れてくるのをどうすることもできなかったと書いておられます（曽野綾子／アルフォンス・デーケン『旅立ちの朝に』角川書店、一九八五年、五八頁）。

後から考えてみて、その日、全身の力を振り絞って憎い敵の兵士に手を差し伸べて、「ようこそ」の一言を発した瞬間、自分が本当のクリスチャンとして生きることを選択した時であったと言うのです。

民族も国家も、敵も味方も、善も悪も、すべての図式がグシャグシャにされたその不条理の只中で、地上の民族や国家、素朴な善や悪の図式を乗り越えて、主イエスに従って生きることの意味を知ったのです。デーケンさんはこうも書いています。「多くの人が生まれ故郷を遠く離れ、根無し草のようにさまようことを余儀なくされています。私自身、これまでの人生の大半を『外国』で過ごしてきました。〈中略〉そうした体験から、人間にとって地理的な故郷だけがすべてではないことも実感できたように思います。私達はいつ、どこにいても友人という名の精神的な故郷にめぐり逢《あ》うことができるのです」（同書、一〇〇頁）。

皆さん、わたしたちのふるさとは、神の都です。愛する友人のいるところです。そして、民族や国家や文化や、あらゆる違いを乗り越えて、誰もがわたしたちの友人になるはずです。このことを、今の特別な時期に、改めて思い起こそうではありませんか。

（一九九〇年一一月一八日　聖日礼拝）

キリスト者の希望の根拠

ローマの信徒への手紙八章二八～三〇節

使徒パウロが書きおくったコリントの信徒への手紙二の五章一七節に「キリストと結ばれる人はだれでも、新しく創造された者なのです。古いものは過ぎ去り、新しいものが生じた」とあります。

この聖句に言及して、ドイツの神学者モルトマンは、ある説教の中で、いったいどこに「見よ、すべてが新しくなった」といえる事実があるのだろうかと問いかけています（『キリストの未来と世界の終り』蓮見和男訳、新教出版社、一九七三年、四五～五七頁）。あるいはパウロは「夢想家」ですべてを「美化する楽観的な熱狂主義者」でしかなかったのでしょうか。確かに、科学技術の発展には、めざましいものが見られます。しかし、その結果、人類歴史は、前代未聞の危険と不安の中におとしいれられています。核武器による戦争の危機、工業化による公害、生化学の発達にともなう医学の倫理的問題など、数えきれない問題のただ中にわたしたちはおかれているわけです。

まる九年間米国で生活をし、十年ぶりに日本に帰ってきて、わたしは一つの疑問を持ちました。最近のアメリカは、安定して回転していたコマがとまりかけてぐらりとしたような不安定さを、アメリカ研究などしているわけでもない、一人の住民に過ぎなかったわたしにも感じさせるほどに、数多くの不安な様相を示しています。国際的レベルでの問題から日常的な家庭の崩壊、公立学校教育のいきづまり、犯罪、失業などの問題に至るまで、一般市民が毎日身にしみて感じざるを得ないほど、深刻な不安さを見せています。

それに比較して、逆に、日本の忙しくめまぐるしい動きに、アメリカぼけしているわたしは、跳ね飛ばされてしまいそうです。この忙しい動きの中に、アメリカで最近ひしひしと感じられたあの不安感はなく、いったい、人々は、日本の国も大きく関わっているはずの現在の国際社会の不安を、実際的には、どのように感じとっているのだろうか。

この今という時代に、また、日本という場所で、神を親愛なる父、「アバ父よ」と呼びかけることを可能にしてくださるキリストの霊を心に持つわたしたち、神の子どもとしてのクリスチャンは、いったい何に生存の根拠を見出し、そしてこの時代の社会にどうかかわっていくべきなのでしょうか。一週間の新たな歩みを神の御前に始める礼拝の時、しばらく考えてみることも大切なのではないかと思います。

皆様もよくお読みになられたと思いますが、パウロの大作であるローマの信徒への手紙七章で、パウロは、人がどんなに望み、あがいても、抜け出ることのできない悪魔的な力としての罪の支配のもとにある人間、意志と行動との分裂、人間存在の分裂をきたす以外にどうすることもできない悲惨な人間を描いています。

それに対して、八章の前半では、イエス・キリストの御霊によって導かれて歩む恵みに入れられたクリスチャンは、罪と死の支配から解放され、生命と心の安定、安らぎをもつ者として描かれています。すなわち、びくついて主人に仕える奴隷のようにではなく、神を親しく「おとうさん」と呼びかけることのできる自由な子どもとして生きることができる、神の養子とされたと言われています。神の御子なるイエス・キリストのもとに神の養子となり、キリストと共に、子としての特権と祝福を受け継ぐ神の豊かさの相続人なのだとパウロは宣言します。

わたし自身は家族の中で長男として生まれましたが、相続すべきものもないので、相続ということに胸算用をすることはありません。しかし遺産相続をめぐるすさまじい争いを耳にするとき、クリスチャンとして召された恵みの立場を、「神の相続人」（ロマ八・一七a）とするパウロの表現の大胆さを見逃すわけにはいきません。

しかし、皆さんと一緒に注目したいことは、この大胆な表現に続いて、パウロが、八章一七節後半から、このわたしたちの生きる現実の歴史世界の中で、神を父と呼びながら生きていくクリスチャンのもつ祝福とはどんなことかを驚くべき深刻なかたちで論述しているということです。しかも八章は、キリスト教会に大きな影響を与えてきたローマの信徒への手紙の思想的論述のクライマックスであることを考慮に入れる時、一七節後半以降のパウロの言葉を、見逃すわけにはいかないと思われます。

第一に注目したいことは、わたしたちが現在クリスチャンとして生きている歴史的存在と、それに対して、実際に神の養子としての相続の栄光を受ける神の未来とを、パウロは明確に時間的に区別しているということです。現実は未来に飲み込まれてしまってはいません。

「アバ父よ」と神に呼びかけることができるクリスチャンは、この歴史の中で歩む以上、苦しみをぬきにしては考えられないのです。たとえ、その苦しみが、どんなに意義深いものであったとしても、パウロはここで、苦しみはまた同時に神の栄光の恵みであるというような逆説の理論を持ち出してはいません。むしろ、わたしたちの心の内側での苦しみを恵みとして悟ってしまうことを、するどく拒絶しているのです。

確かに神の養子としての自由の特権の世界、すなわちクリスチャンの栄光は、「キリストと共に苦しむなら、共にその栄光をも受ける」（八・一七b）と言われている通り、わたしたちクリスチャンの歩みと連続するものですが、その両者は決して、同時的に合致するものとは考えられていません。このパウロの時間的区別の意識の中にこそ、現実を越える神に希望を抱く信仰者であるにもかかわらず、あるいはむしろそれゆえにいっそう、現実世界を正直に直視しつつ、しかし現実の生活の中に信仰の意味を見失うことのない信仰の本質が明確にされています。

第二に注目したいことは、この時間的区別のもとに、神の創造されたこの被造物世界は、無意味さ、虚しさの中に埋没していることを、パウロが率直に認めているということです。そして解放されたいとうめいている、その切実なる世界の叫びにパウロは耳を傾けています。

まだ現実に神の子としての自由な神の未来の世界には生きていない事実を、パウロは、まだ贖われていない肉体の体を持つ存在と捉えていることに注目したいのです。肉体の身体を持つわたしたちのあり方が、すなわちこの虚無に服し、解放を叫ぶ被造世界全体との連帯を自覚させ、クリスチャンであっても、被造世界の一部なのだという現実です。それが八章二三節で述べられています。わたしたちは神の子としての相続の栄光が啓示される神の未来の世界がくるまで（八・一九）、この被造世界の歴史の中に隠されてしまう存在に過ぎないのです。

実は、この文脈の中で、パウロが、神の霊、あるいはキリストの霊の働きを捉えていることに、わたしたちは注目しなければなりません。クリスチャンの心のうちにやどる御霊は、確かに神を「お父さま」と呼ばせ、神の養子と定められたのだという確信を与えてくれるのですが、他方、その御霊は、決してわたしたちを現実の歴史世界に対して目を閉ざし、この歴史から自分を断絶させ、自分たちの心の内側に閉じこもって「わたしは、神様の平安をもっているのだ」と一人喜ぶような麻薬のごとき役目を果たすものとしては教えられていません。

むしろ御霊は、来るべき未来の祝福の保証金として、約束の担保として未来への確信を与えると同時に、わたしたちがまだ虚無に服した被造物の一部であり、贖《あがな》われていない弱い歴史的存在であることへと、目を向ける勇気を与えてくれるのです。もしわたしたちクリスチャンが御霊に導かれて歩むというなら、この被造物世界から自分を区別することに夢中で、今生きている歴史を失ってしまってはならない。むしろ、どこまで、この被造物世界と自分を同一化でき、その苦しみに共鳴していけるかという信仰の問いに、応えていかなければなりません。

第三に注目したいことは、クリスチャンとは、この被造物世界が知らずして叫んでいる苦しみのうめきの意味を知っており、神の創造された被造物世界に残されている希望を知っているということです。解放を叫んでいる被造物世界の苦しみのうめきは、決して神御自身に隠されているのではありません。神なき世界としか思えないこの虚無に服した世界は、実は、創造者なる神の意図から離れて存在してきたのではありません。

八章二〇節で述べられているように、神の意志によって被造物世界が動いている限り、神が与える未来の希望から断絶して考えることはできない。このパウロの主張を、わたしたちは真剣に味わってみる必要があります。神の意志に全被造物世界は今もなお関わりを持ち続けているからこそ、神の子どもたちに約束されている栄光の自由への解放の希望が、被造物世界にも残されている。わたしたちクリスチャンは、そのことを信仰によって知っているのだと、パウロは二〇～二二節で述べています。

わたしたちは、この被造物世界の叫びをクリスチャンが救われている神の未来の世界に入ろうとする産みの苦しみと理解しているでしょうか。わたしたちは、この被造物世界と共になって、また、その被造物世界に属する存在として、神に叫び祈ってきたでしょうか。

この被造物世界の一部としてのわたしたちクリスチャンの救いとは、見ていないことを望み信じる希望というかたちでのみ、成りたっているのですから、わたしたちは忍耐を求められています。

しかも、その点においてこそ、御霊はわたしたちを助けてくださり、神の御前に、わたしたちに代わって、どう叫び祈っていいか分からない、途方にくれたわたしたちの代弁者となってくださるとパウロは教えています。それとも、この世界での苦しみに神の未来の栄光の恵みの希望を見失ってしまうのでしょうか。八章一八節は「現在の苦しみは、将来わたしたちに現されるはずの栄光に比べると、取るに足りない」とわたしたちを励ましています。

最後に、以上述べたような信仰による未来の栄光に対する希望は、自分の約束の言葉を決してひるがえすことのない、その約束を必ず成就してくださる神御自身の信頼性、あるいは、神の義にのみ依存しているということに注目したいと思います。

神御自身の御計画と御旨においてのみ、すべてが良きこととなるのです。神御自身においてのみ時間的差は、意義を持ちません。八章三〇節「あらかじめ定められた者たちを召し出し、召し出した者たちを義とし、義とされた者たちに栄光をお与えになった」と大胆に過去形で表現されているように、今まで未来のこととして区別されてきた栄光の恵みは、ここではすでに過去形で表されるものとなっていることを見逃してはなりません。

神の御旨においては、クリスチャンへの召しは、クリスチャンが受ける恵みとしての約束の未来の栄光と同時的であり一つです。クリスチャンになるという神の召しと、神の子、神の相続人としての栄光の恵みが切り離されてしまう危険は、神御自身の御計画には、存在しません。

しかも、この神の予定は、決して恐ろしいものではありません。神が、神の御子を、この世界のために死に渡されたことによって明確にされたように、それは神のわたしたちに対する愛の御旨であるということが八章三一節以降に述べられているからです。

わたしたちはクリスチャンであると告白します。神の子であると言います。しかしその恵みは、信頼できる神の愛の意志に根拠づけられているのです。神においては、クリスチャンへの召しと栄光に入る恵みとは、すでに同時的です。

それゆえにこそ、わたしたちは、一方でこの被造物世界に隠れてしまう存在であり、被造物世界の弱い一部でしかないのですが、それにもかかわらず神の未来への希望によって救われ、耐えていけます。また、その同じ神の意志のもとに全被造物世界も、実は存在しているゆえに、わたしたちクリスチャンは、その世界を自分と同一化でき、世界に共鳴でき、しかも、絶望への嘆き苦しみではなく、自由への解放の希望のうめきとして、その叫びを分かちあって、共に神に祈っていけるのです。

この信仰の希望を確信するクリスチャンであるはずのわたしたちですが、実際には現実世界に耳をふさぎ、目を閉じていないでしょうか。

わたしたちの生きるこの世界の悲惨と苦痛の叫びは、好き嫌いの選択を乗り越えて聞こえてきます。カンボジアの飢餓を知っています。インドでの悲惨な人間の姿を知っています。実際発展を遂げ、高い生活水準を誇る米国の中でも世界の最大都市であるニューヨークで、死んでから何日もたたないと自分の死んだという事実すら発見されないほど寂しく一人で、この世を去っていく老人が数多くいることも、寒い冬に路上で寝たまま、凍え死んでいく家族のない人たちのいることも知っています。そしてわたしたちの身近にも、社会的に立派なようでも、薬をのまなければ心に安心もいだけないような人々が多くいることを見聞きしているはずです。成長経済政策のもとに、踏みにじられて泣いている人々は、いったいどれほどいるでしょうか。わたしたちクリスチャンこそ、神御自身の御計画の信頼性を確信し、この社会の叫びを理解し、共に担い、神の約束してくださった希望を告げ知らせていかなければならないのではないでしょうか。

（一九八〇年五月一八日　聖日礼拝）

迷うことを恐れるな

マタイによる福音書一八章一二～一四節

一月の終わりに、東京郊外のある小さな教会の集まりで「パウロの幸せ」という主題で話をするように頼まれて出かけました。パウロの生涯を俯瞰して、パウロにとって幸せとは何であったのか、を語ってほしいということでした。わたしは、日本国憲法十三条に保障されていること、つまり何人も公共の福祉に反しない限り、幸せを追求する権利がある、ということに触れて、初めから「幸せ」という概念を規定してしまって、聖書が語る幸せ以外の幸せはすべて幸せではない、という独断的な立場からこの主題を考えたくはない、と話を切り出しました。

わたしの話が終わり、質疑応答の時間になりました。終わりの時間が迫ってきたとき、一人の熱心なキリスト者のご婦人が厳しい表情で発言されました。「先生のお話しになったことで、一つ承服できないことがあります。人にはいろいろな幸せがあると言われたけれども、キリストを信じない人は、滅びるという決定的で厳しい事実をはっきりさせないで、幸せを語ることはできないのではないですか」と叱られました。わたしは、「さまざまな考え方がありますし、わたしは多少違った考えを持っていますが、話が長くなりますから、今日はここまでにしましょう」と言って逃げました。その方は、キリスト教信仰の最後の切り札は天国行きの切符であり、その切符を持っていない人は地獄行きだという確信を持っておられるわけです。

逆の方向から、同じような経験をした牧師の話を読んだことがあります。今朝読まれました聖書の箇所、九十九匹の羊を残して、一匹の迷い出た羊を探しに行くという主イエスの譬《たと》え話を説教で語ったところ、その集会に参加していたキリスト者でない方が「やっぱり牧師もキリスト教徒も、自分たちは正しい九十九匹の羊の側に属していて、わたしのような未信者を、愚かにも道に迷った羊であると決めつけている。それ以上、話を聞く気持ちになれない」。このようなことを言われたというのです。

この斜に構えた受け止め方には、問題があるかもしれません。しかし、常に自分たちを正しい側に位置づけ、自分たちと考えを共有しない人を幸せでない、迷っている、滅びるなど、否定的に位置づけて、神の愛や救いを理解したり、語ったりするキリスト者の姿勢には、根本的な間違いがあるように思われます。

イエスの譬えの中心的意図は、明らかに失われた一匹の羊を見つけ出す神の愛の働きにあるのであって、残された九十九匹が何を意味しているかなどは譬えの関心事ではありません。ですから、そのことをあれこれ詮索することは聖書の解釈からは、それることになります。

しかしながら、どうでしょうか。文脈を見ると、マタイによる福音書一八章では、イエスの弟子たちのうちで誰が一番偉いかを言い争っていたとき、イエスは幼子を呼び寄せて真ん中に立たせ、天国ではこのような小さな者が一番偉いと言われ、さらに、小さな者をつまずかせる者は、大きなひきうすを首にかけられて海の深みに沈められる方がましだ、と語られています。

同じ譬えが出てきますルカによる福音書一五章を見ると、ユダヤ教のファリサイ派の人や律法学者が、税金を取り立てる裏切り者や罪人として社会でさげすまれている人々とイエスが一緒に食事をしながら話しているのを見てイエスを非難したというのが、この譬えの文脈です。

ですから、暗示的ではありますが、イエスは、迷わない九十九匹の羊の群れと自分たちを同一視し、自分たちは正しい、迷い出た者が問題なのだと非難するような人間を快く思っていないと言っても言い過ぎではないでしょう。確かに、弱く臆病な羊が、猿のように群れのリーダーをもたず、羊飼いに従順に従っていくことによって安全に生きながらえていく姿が、良き羊飼いである神に従う神の民の姿として聖書では幾度も語られているのも本当です。

しかしながら、歴史を振り返ってみるとどうでしょうか。

集団の中で、自分はどう生きるべきかを問うこともなく、ただただ集団に身を寄せて、自分は大丈夫だと思いこみ、他人と違わないように、他人に遅れをとらないように、集団からはずれないように、と必死に努力して身の安全を守ろうとする。そして、帰属する集団と異なると思える人を邪悪な者として敵視し忌み嫌い排斥する。人は、あまりにも九十九匹の羊になってしまい、一匹の羊になれない。それが人間の歴史であるといえないでしょうか。イエスの同時代の立派なユダヤ人たちはそうでした。ヨーロッパにおける中世のキリスト教社会もそうでした。わたしたちはどうなのでしょうか。

他方、いつの時代を見ても、社会の大多数の人々の動きに反してまでも、たとえ一人であっても、真実の生き方を苦悩しつつ自らに問い続け、人間ではないかのように扱われている人々を同じ人間として受け止め、その人々のために命を燃焼し尽くした人々がいます。

大航海時代、一四九二年にコロンブスが、いわゆる西インド諸島に到着して以来、中央アメリカの現地の人々に対する途方もない奴隷化と殺戮を含む植民地化が始まりました。現地の人々の血なまぐさい人身犠牲の習慣を口実に、スペイン人は、かれらを野獣であり、野蛮人だと決めつけ、現地の人々のキリスト教化と奴隷化を同時に一気に進めました。本来愛と清貧を旨としたフランシスコ会の司祭や修道士も、植民地化、奴隷化を積極的に進めました。教会が巨大な力を持ち、権力の座に近かったとき、イエス・キリストとは最も遠かったといえましょう。

しかし、その中で、ドミニコ会士のアントニオ・デ・モンテシーノスがスペイン人植民者を厳しく非難し問い詰める説教をしています。「皆さん、答えなさい、あなた方は一体いかなる権利、いかなる正当性をもって、これらのインディオを、かくもみじめな、かくもおぞましい奴隷の状態で所有しているのかを。〈中略〉一体これらのひとびとは人間ではないというのか。彼らの霊魂には、理性がそなわっていないというのか。あなた方はおのれを愛するごとく、彼らを愛すべきではないのか。〈中略〉さあ、悟りなさい、そのような状態のままでは、イエズス・キリストの信仰をもたず、もつことを望まぬモーロ人やトルコ人と比べても、彼ら以上にあなた方はみずからの霊魂を救うことは絶対に不可能なのだと」（ラス・カサス『インディアス史㈤』長南実訳、岩波書店、二〇〇九年、三一〜二頁）。

この説教を聞いていた一人にバルトロメ・デ・ラス・カサスがいました。ラス・カサスはインディオの反乱鎮圧軍に加わったことのある人で、インディオを使役に使い、植民地農場を経営していた人で、その後司祭になった人です。

キューバ島征服軍の従軍司祭として、インディオの虐殺を目の当たりにし、激しい良心の呵責を感じ、聖書のメッセージと現実に起こっているインディオの不当な扱いとの矛盾に苦悩することになります。そして、現地人の人権の確保のために、敢然と孤独な戦いに力を尽くす道を選びました。そして、ラス・カサスのおかげで、一六世紀西インド諸島におけるスペイン植民地で何が起きていたかの批判的記録を今、わたしたちが読むことができます。

話は跳びますが、キリスト教国と言われるアメリカ合衆国における人種差別の問題についても同じようなことが見られます。あの有名なマーティン・ルーサー・キング牧師などの指導による公民権運動の大切な始まりは、一九五五年一二月一日、アラバマ州モンゴメリーの差別バスに乗った一人の女性、ローザ・パークスが白人に座席を譲ることを命じられて、「ノー」と言ったことにありました。彼女は語っています。「私は、足が疲れていたわけではなかったのです。疲れていたのは、不当な扱いに対してだったのです」(ローザ・パークス『勇気と希望』グレゴリー・J・リード協力、高橋朋子訳、サイマル出版会、一九九四年、四二頁)。大集団、大多数の人々の生き方に反して、一人の黒人女性の小さな、しかし勇気ある決断と行動が公民権運動のうねりを起こしました。同じような事例は、いくつもあります。

皆さん、キリスト教的社会であっても、あるいは日本であっても、レッテルはどうであれ、大勢だから、大きな群れだから、みんなが同じことをしているから正しいという保証はどこにもありません。

いや、大きな集団に寄り添って生きているように見えても、あるいは外側からどのように見えても、実は一人ひとりの人生をよく見れば、誰もがそうしていると社会が唱えるような人生を計画通り、予想通り歩んでいる人は誰一人いません。全く考えもしなかった病気や障がいを抱えることになる。愛する人あるいは家族と予想もしない早い時期に死別することもある。家族関係がどうにもうまくいかない場合もあります。集団においても、個人においても、歴史観、価値観、人生観をつねに問い直し、疑問をもち、苦悩し、自分が本物の人間として現実を受け止め直すことが、最も大切なことです。そして、たいていの場合、そうすることができるのは、圧倒的に多くの人々が作り出す既成概念や雰囲気に反して、むしろ少数者において、あるいは弱さと苦しみを知っている人々を通して、つまり、迷える一匹の羊のおかれた立場において、可能となるように思えてなりません。

群れを後に残したまま、迷い出た羊を探し求め、見出して喜ばれる主イエスは、さまざまな理由や事情で既存の集団からはじき出された人、集団から迷い出た人、集団に自己保身のために身を寄せることの矛盾に耐えられなくなった人に最大の愛と関心を寄せ、捜し求め、見出してくださる良き牧者です。

主イエスが求める人は、一匹の羊であることを自覚し、迷うことを恐れずに、自らを問い直す人です。自分をそれぞれの生活の中で問い直すことは、決して自分を見失うことにはなりません。むしろ、良き牧者である主イエスの愛と導きに自分の行くべき道を見出す人です。いや、実際、わたしたちは、他の人々、特に貧困に苦しむ人々、病に苦しむ人々、差別の中で生きている人々を助けなければと考えます。それは、それで大切です。しかし、本当は、その人々から励まし力を与えられ、人間として生きることはどういうことかを教えられ、変えられるのです。

先に植民地時代のことに触れましたが、ほとんど同じテーマを扱った映画がありました。第三九回カンヌ国際映画祭グランプリ受賞作品で『ミッション』という映画です（一九八六年イギリス）。十数年前のキリスト教週間でも上映しました。スペイン・ポルトガル両国家にくみした教会指導者が、自分の生き方と、南米の地元の人々を愛し、その人々と運命を共にした少数のイエズス会士たちの生き方とを対照させて次のように言います。象徴的な言葉です。

「法王猊下、あなたの僧侶達は死に　私は生き残りました。しかし　死んだのは私で　生きているのは彼らです」（字幕・戸田奈津子訳）。

（二〇〇六年二月一九日　聖日礼拝）

恵みゆえの楽観主義

ホセア書六章一～三節

今日は一九八〇年最後の聖日礼拝です。一年のわたしたちの生活を振り返ってみるのに適切な時と思います。

もちろん、一年を反省してみるといっても、いろいろな反省の仕方があります。しかし、特に、信仰の次元から、つまりわたしたちの一年の生活を神の「裁き」と「恵み」という観点から、もう一度、静かに反省する時をぜひ持たれるようにおすすめいたします。

今朝は、紀元前一〇世紀に北王国イスラエルと南王国ユダに分裂して以来、北王国イスラエルが最も繁栄したヤロブアム二世の治世の末期から、王の死に続く政治的混乱の時代、つまり、今から二七〇〇年ほど昔に生きて活躍した一人の預言者ホセアの教えを通して、人間のいろいろな生活上の企てと、それに対する神様の裁きと恵みに思いを寄せてみましょう。

北王国イスラエルは内政上、また外交政策上のいろいろな問題を抱えて、非常に不安定な年月を過ごしてきました。お隣の国シリアからはいつも侵略の恐怖にさらされていました。そのためイスラエルの王は、シリアを狙っているメソポタミアの王国、アッシリアに貢ぎを送り、友好関係を結ぶことによって、どうにかして、自分の王座を保つという外交政策を取るなど、様々な策を講じました。結局、北王国イスラエルの政治的安定は、自国を取り巻く、国々の権力闘争の隙間で保たれるという状況であったわけです。たまたま、アッシリアの国もシリアの国もそれぞれが内部問題で頭を痛めていたので、紀元前八世紀のヤロブアム二世の時代に、北王国イスラエルは、その全盛期を迎えました。

旧約聖書のアモス書やホセア書からだけでなく、考古学的な発掘からも、首都サマリアが経済的にも文化的にも繁栄していたことが分かっています。石造りの建築、砦、宮殿、そして象牙が彫り込んである家具や壁などは目を見張る豪華さでした。特にフェニキアの国のスタイルが顕著に見受けられるものでした。

しかしこのような国際政策の下での物質的繁栄の背後にあったのは、恐ろしい経済不正でした。フェニキアの国の重商主義経済との親密な文化的交流による繁栄は、フェニキア人の商業と植民化政策の片棒を担う形で成立していました。そしてこの繁栄のために支払われた代価は多大なものです。宮廷人や商人階級を頂点とし、貧困のどん底にある、数え切れない多くの人々を底辺とする圧迫的なピラミッド型社会構造ができ上がりました。経済力に任せた横暴とそれをバックアップする腐敗した司法機関が、貧乏人を金で買い上げ、乏しい者を、靴一足の代価でこき使うことを当たり前のようにしていました。このようなイスラエルの犯罪は、隣国のアッシリアやエジプトの人々の持つ初歩的な正義感からしてもショックなほどでした。宗教的にも、この繁栄は農業を祝福するカナンの神、バアルを礼拝したおかげであると考える者すら多くでてきたようです。

この繁栄する都市生活の悪は目に余るものでした。経済力を欲する金持ちの商人たちは、何の容赦もなく、貧しい者、自分を守ることができない者の頭を踏みつけました。公務に就く指導者たちの中にはぜいたくに身を持ち崩す者もいました。

アモスという預言者はこう表現しています。「お前たちは象牙の寝台に横たわり／長いすに寝そべり／羊の群れからを取り／牛舎から子牛を取って宴を開き／竪琴の音に合わせて歌に興じ／ダビデのように楽器を考え出す。大杯でぶどう酒を飲み／最高の香油を身に注ぐ」（アモ六・四〜

六)。まるまると太った、つやつやした雌牛にたとえられる悪ずれした女性たちは自分の主人たちを利己的な利益のために、もっともっと頑張るようにけしかけているともアモスは描いています。裁判所は、商業階級の有利なように働き、宗教は、ベテルとかギルガルなど、宮が建っているところのすぐ背後でなされている非人間的なことごとに対して、何一つ抗議の言葉も発しません。

幸か不幸か、このような力の均衡の狭間での平和と安定は永久に続くものではありません。ティグラト・ピレセル三世がアッシリアの王座につき、ついにはエジプトを征服することになる軍事行動を起こしました。特にこのティグラト・ピレセルの征服は恐るべきものでした。それは征服した国々の愛国主義を打ち砕き、確実に支配下に置いていくために、征服された国の人々をその母国からアッシリア帝国の僻地へ捕囚にしていくという軍事政策をとったからです。

このような政治的不安感は、イスラエル王国の内政にはっきり反映されています。ヤロブアム二世の死後、その後の王たちは、次々に暗殺され、いろいろな陰謀の内に死んで行きました。繁栄は、殺害と陰謀に取って代わられました。そして紀元前八世紀の中頃、王座を獲得したメナヘムは、自分の王座を守るため、イスラエル領土を侵略しようとしていたアッシリアと友好関係を結び、膨大な貢ぎを支払いました。こうして買われた一時の平和の内にメナヘムは王座を守りましたが、今や金持ち階級は重税を支払わなければならなくなり、反乱の兆しが至るところにみられるようになってきました。

このように国際状況の発展に伴ってやって来た危機に直面して、自分たちが享受してきた経済的繁栄と力を守ろうとし、陰謀と暗殺、混乱、不道徳、そして不安に満ちた時代に、イスラエル王国は突入しました。このような社会状況の中で、預言者ホセアは神の裁きと恵みを語ったのです。

預言者ホセアにとって、イスラエルの歴史に最も大切な事実があります。それは、神がエジプトからイスラエルを選び導き出されたということです。イスラエルの神はこの出エジプトの出来事を通して知られる神です。「わたしこそあなたの神、主。エジプトの地からあなたを導き上った」（ホセ一二・一〇）。出エジプトの出来事は、神がイスラエルを自分の民、自分の子どもとして選び呼び出されたという神の決断を意味しています。

もちろん、より強い側が弱い立場の者に向かってこのような関係を結んだのですから、その交わりの関係は法的義務によるものではなく、そのような交わりの関係それ自体に本質的な内的忠誠さ、あるいは「恵み」に動機づけられた関係です。この神とイスラエルの民との交わりの契約関係を結婚の関係に当てはめて説明したのは、預言者ホセアが初めてです。

ホセアの時代には、イスラエル宗教はカナンの地の豊穣と繁栄の儀礼の影響によって腐敗していました。宗教は、自然界から何か良きものを獲得し、神を人間の利益のために拘束する手段となっていました。人々は、エジプトから導き出してくださった神にすべてが依存しているということを感謝して確認するというのではなく、むしろ宗教から何かを得ようとして宮に押し寄せていました。かれらの求めたものは、統一であり、安定であり、繁栄、平和でした。そこには神に対する愛の忠誠心はありません。イスラエルがエジプトから荒野に導き出されたときに結ばれた神とイスラエルの民との交わりの約束は、肥沃な土地、文化の繁栄する土地カナンを見たときから、忘れ去られた。イスラエルの民たちは繁栄と安定を約束するカナンの自然神たる「恋人」を追いかけ始めたと、ホセアは表現します。その結果、人々はもはや、神と、カナンのバアル神とを区別することもできなくなってしまいました。生殖と繁栄の神を拝むことと、歴史の神を拝むこととの区別は分からなくなってしまいました。バアル神に求めていたいろいろな賜物は、エジプトから導き出された神によって与えられていることに気づかなくなってしまいました。

しかしこのような不誠実なイスラエルに対する神の忍耐と愛の忠誠さを、ホセアは自分の結婚生活の苦しい体験を通して理解し、そしてイスラエルの民に語りかけています。

ホセアは、ゴメルという女性と結婚をしました。しかしこの女性ゴメルは、恋人たちをつくり、その恋人たちのあとを慕っていったのです。この姦淫の妻を離縁しましたが、ホセアは法律を超越して彼女を許す用意がありました。ホセアはこの姦淫の女を再び贖いとり、自分の妻に再び回復させたのです。

ホセアにとって、この体験は、簡単なものではありませんでした。むしろ神からの命令としてこの体験を振り返って理解しています。「主はホセアに言われた。『行け、淫行の女をめとり／淫行による子らを受け入れよ』」(一・二)。「主は再びわたしに言われた。『行け、夫に愛されていながら姦淫する女を愛せよ。イスラエルの人々が他の神々に顔を向け、その干しぶどうの菓子を愛しても、主がなお彼らを愛されるように』」(三・一)。

ホセアは自分の結婚生活という非常に個人的で日常的で、毎日の現実生活の中で、イスラエルの民の不誠実さ、不貞を体験し、それを怒り、悲しみ、苦しみ、しかも、それにもかかわらず忠実に愛し続ける誠実な神の愛と恵みを体験していったのです。

ホセアは、イスラエルの王国が政治的にまた宗教的に良くなる可能性を見たので、回復の希望を見出したのではありません。自分に必要なものを与え続けてくれると錯覚して恋人を追いかけ慕っていった姦淫の妻が、求めていたものが与えられることはないと気がつき、元の夫に戻って来たのと、イスラエルも同様です。イスラエルにふりかかろうとしている悲惨な政治的運命は、愛に満ちた父の子どもに対する懲らしめの役割を果たすと、ホセアは信じます。神の変わらない忠誠な愛の恵みのゆえに、イスラエルの未来に希望をいだきます。イスラエルはカナンの文化の影響を受けた典型的な領域を取り去られて、初めて真の神に帰ろうとするであろうと言われています。

昔、イスラエルが荒野で神との愛の交わりを与えられたように、ホセアはイスラエルの生命は再び荒野で回復されると述べます。人間の政治力、経済力、文化、それ自体がわたしたちに繁栄と安定を与え続けてくれるという偽りの誘惑から遠く離れた荒野、神の愛と恵みのみが人生の根拠であることが明確になる荒野で、神はイスラエルを回復されるというのが、ホセアの主張です。

国際的になり、政治も経済も非常に複雑になったこの現代、わたしたちは気がつかないうちに生活の根拠を、この社会の巧みさの内に置いてしまってはいないでしょうか。社会の不正をそのまま受け入れ、そのうえに、物質的繁栄と安定を神に代わるものにしてしまっていないでしょうか。

わたしたちはもっと真剣に歴史に対する神の裁きを考えていかなければなりません。なぜならば、神は、わたしたちの不義にもかかわらず、わたしたちを誠実に愛し、わたしたちも神の恵みに心から誠実に応えるものとなるためです。

どうしようもない不義なるイスラエルの姿にもかかわらず、ホセアは、神の恵みのゆえに、その楽観主義を捨てませんでした。

その後、イスラエル王国は、アッシリアに滅ぼされてしまいました。しかし、わたしたちは神の変わらない誠実な愛と恵みを知らされています。わたしたちには自らの不義を身に追って神との和解を成就してくださった神の御子、イエス・キリストが与えられているからです。わたしたちに求められているのはこの神の恵みに対する誠実さであります。

一九八〇年も終わろうとしている今、自分の一年の生活を振り返り、日本の国の動きを振り返り、世界の動きを振り返るとき、もう一度神の恵みの確かさを確認し、またその誠実な神の愛をこの社会でどこまでもホセアのように証ししていくことをお勧めします。

（一九八〇年一二月二八日　聖日礼拝）

大学と教会——最も大事ないましめ

マルコによる福音書一二章二八～三四節

この大学と教会の関係は、組織や制度という形式のレベルでどのような形が望ましいか。このことは、それ自体たいへん重要ですが、また非常に困難な問題です。

しかし、どんなに組織や制度の上で教会と大学の関係が整理され確立されても、両者の間に生きいきとした精神的信仰的な価値を共有する関係がなければ、せっかくの制度上の関係改善の努力も無意味になってしまいます。この点をしっかり心に留めて、いろいろ議論をし、お互いから学びあいたいと思います。

さて、ＩＣＵ教会が大学教会であるということには、多くの制限があると共に、他の地域教会ではなかなかできないような、大学教会であるがゆえに可能な、大切な特徴があります。

その一つは、ＩＣＵ教会がエキュメニカルな教会であり得るということです。

エキュメニカルというのは、わたしの言い方を許していただければ、「全世界の多様なキリスト教会を一つとみる立場に立つ」という意味です。世界には、いろいろな教派的な伝統や特徴をもったキリスト教会がありますが、それらの全世界の多様なキリスト教が一つのキリストの体なる教会を構成していることを認め、協力して福音の宣教と証言を行っていこうという立場です。

幸いにもＩＣＵ教会は創立当初からエキュメニカルな立場に立つ教会として出発しました。

直接的には、第二次世界大戦直後、戦争に対する深い反省に基づき、日本と北アメリカの人々の努力の結晶として、国際的な、キリスト教精神に基づく高等教育の場として国際基督教大学が設立されたのは、周知の通りです。

そのとき、日本側では、無教会のキリスト者と教会が一緒になって努力しました。北アメリカでも、カナダの教会も合衆国のいろいろなプロテスタントの教派教会、すなわち、長老派、メソジスト、バプテスト、その他の異なった教派が、一つになって協力してくださいました。

このように実践の場におけるエキュメニカルな協力が実ってＩＣＵができ、その精神的中心としてエキュメニカルなＩＣＵ教会が誕生しました。またプロテスタントのみでなく、カトリックに属する方々もＩＣＵに加えられ、ＩＣＵ教会にもカトリックの信徒の方が教会員として加入されています。

キリスト教の歴史を振り返ってみますと、教会の分裂や教派の対立には、それぞれの歴史的な状況、また教理的神学的なもっともな理由があることは、否定すべくもありません。にもかかわらず、キリストの体なる教会が分裂し、対立しているという事実は、否定し難い大きな障がいであり、つまずきの石です。わたしたち人間の愚かさを深く悔いなければならないことの一つであると率直に認めなければなりません。ですから、大学の創設、発展と共に歩んできたこのＩＣＵ教会が世界教会的な、すなわちエキュメニカルな教会であるということは、非常に貴重な特徴です。

そこで、反省したい点は、わたしたちがはたしてどれほど、ＩＣＵ教会がエキュメニカルな教会であることの、重要な価値を自覚し、キリストの教会の協力、一致のモデルとして貢献しようとしているか、ということです。

その際、大切なことは、単なる異なったものの雑居に終わるのでなく、多様な伝統を尊重しつつ、生き生きとした一つの教会であるためには、違いを超えてわたしたちを一つにする求心力がなければならないということです。その求心力は、キリストご自身であり、キリストにおいて明らかにしてくださった神の愛にほかなりません。キリストの愛、神の愛を実践において共有する教会でなければ、本当に力あるエキュメニカルな教会であり続けることはできません。

ＩＣＵ教会の求心力はどこにあるでしょうか。美しく恵まれたキャンパスでしょうか。荘厳なオルガンの音でしょうか。それらは、みな感謝すべき恵みですが、キリストの愛こそが、わたしたち一人一人を、そして全世界の教会を一つにする求心力であり、共同性です。この原点を再確認し、単に、このＩＣＵ教会を一つの自分の教会という自己閉鎖的な視点からでなく、世界に開かれた視点から、信仰の生活と福音の実践を目指すキリスト者となり、エキュメニカルな教会になりたいと思います。

今朝の聖書の箇所でイエスは言われました。「第一の掟は、これである。『イスラエルよ、聞け、わたしたちの神である主は、唯一の主である。心を尽くし、精神を尽くし、思いを尽くし、力を尽くして、あなたの神である主を愛しなさい』。第二の掟は、これである。『隣人を自分のように愛しなさい』」（マコ一二・二九以下）。これが、最も大事な戒めです。

次に、最も具体的実際的に大学教会であるがゆえにＩＣＵ教会が現在大学から受けている恩恵を思い起こしたいと思います。この教会が大学にあるからこそ、他の地域教会では望むべくもない数多くのキリスト教指導者、神学者や牧師が世界から来られて、この説教壇から語られました。教会学校の教師として多くの大学生に奉仕していただけます。また、優れた指揮者、指導者のもとにかなりレベルの高い聖歌隊が可能になっています。数えれば限りがありません。しかし、特に人事面、経済的、物理的側面での大学からの理解と協力は実に大きく、それがあるからこそ、ＩＣＵ教会らしい実験的な、あるいはパイオニア的な試みや活動もできたといって間違いないでしょう。

まず、物理的経済的な側面を見てみますと、ＩＣＵ教会には三人もの牧師や二人のしかもＩＣＵ卒業の職員がいるわけですが、このことも大学という組織のなかで雇用条件が整えられ、人件費も支えられているから、可能になっていることです。現在、教会の予算規模は年間二千万ですが、それですと、人件費だけで破産いたします。また、この教会堂の建物とその中の設備、電気、光熱費なども皆、大学管理下にあり、シーベリー礼拝堂も大学が管理運営し、教会は基本的に無料で使わせていただいていると言えましょう。ＩＣＵ教会堂の掃除も、大学が委託している業者の方が週に幾日か全部掃除をしています。教会堂を建築するどころか、管理運営していく経費を払うだけでも教会は財政危機に直面します。教会事務所の存在と働きについても同様です。

しかし、この点で明確にしておかねばならない事実があります。それは、大学がＩＣＵ教会のために教会堂を建築し、設備を整え、教会事務所を設置し、そして三人も牧師を雇用し、二人の職員をおいているのではありません。

何よりもまず、大学の式典、礼拝のため、またキリスト教精神を堅持し、推進するために大学の礼拝堂、大学の部署としての宗務部を設置し、大学牧師と職員を雇用し、人件費を支払っているのです。

問題の所在をはっきりさせるために少し大げさに申しますと、大学宗務部は、学生だけで二千人を超える大学に属する人々のための職務を担う部署として存在し、仕事が山積みになっています。ＩＣＵ教会の牧師は忙しくて家庭訪問もあまりしていただけないとか、教会事務所に小さな仕事を依頼しても断られるとかのご意見を耳にするときもありますが、今までの実情は、そのとおりです。宗務部の職員の方々が、定時で仕事を終えて帰宅できる日は一年を通して数えるほどしかありません。もう事務所には場所もありませんし、急な改善は無理でしょうが、もう一人職員を増やすだけの仕事がすでにあります。とにかく、この点に、大学教会の具体的な制約の一つがあることは事実です。

けれども皆さん、誤解しないでください、そして、安心してください。大学は、教会を厄介だとは思っていますけれども、不必要な邪魔なお荷物だとは思っていません。それは、本当です。いろいろな制度上また運営上の問題があっても、どんなに大学教会が大学のキリスト教精神の維持、高揚のために不可欠であるかを理解しています。そして改善すべきところは善処して、多大な協力を惜しんでいません。大学は大学牧師や宗務部職員が大学の勤務時間に教会の仕事をしているから、けしからんとは、言いません。むしろ、今回、教育の仕事との兼務なしの大学牧師二人の雇用を認めていただいたほどです。

ただ、急に今日明日にすべてを変えることはできませんが、これだけの膨大な恩恵を大学から受けていて、だから、ＩＣＵ教会は気楽だ、と考えて楽な道だけを享受していると、いかに教会が精神的な貢献を大学にしているといっても、いつか本当の意味で誰からも支持されない邪魔なお荷物になってしまうでしょうし、大学の経済におんぶしたままでよいというような教会自体も生命を失ってしまうでしょう。

それでは、施設の使用料や、人件費を相応に教会が支払えば良いというようなことではなく、もちろんそれは当然のことですが、もっと根本的に経済的にも発想の転換を考えてみる必要があるのではないでしょうか。

あまりに非現実的かもしれませんが、教会が大学の経済的恩恵に与るのではなく、逆に教会が大学の支援者となり、また広く大学の理解者、支援者を生み出す役割を担うようになるというヴィジョンをもつことを提案したい。世界に開かれた大学、そして大学教会といっても、アジアやアフリカからの留学生を迎えるには単なる学費だけでなく、生活を含めた全面的な経済的精神的援助が必要です。それこそＩＣＵ教会が一人の留学生でもいいですから、全面的に援助できるほどの資金を準備できるようになるというような発想、ヴィジョンです。今までも、ワークキャンプなどの形で、全世界的教会の一員として、また国際基督教大学の精神を強化するのにふさわしい大学教会として、アジアの大学、また教会との協力経験を推進してきました。

なぜ大学は、いろいろな制度上の複雑な問題を含んでいるにもかかわらず、ここまでＩＣＵ教会を助けて来たのか、大学教会の存在の意義はどこにあるのか、これから教会はどのように大学に貢献していくのかを改めて祈り、考えていく時に来たと思います。

つい最近、ＮＨＫ教育テレビで、「宗教は現代世界の危機を救えるか」というシンポジウムの録画が放送されました。ご覧になった方もいらっしゃるでしょう。その最後に司会の加藤周一氏が結んだ言葉が強く心に残りました。

こういうことでした。近代の科学技術の問題には、科学技術による自然破壊や公害などの直接的な問題だけでなく、近代人の考え方、思想に及ぼした問題がある。例えば、科学技術は、日常的で処理可能な身近な領域に興味を集中させる。ある特定な個人にしかあてはまらない個人的なことではなく、大勢の人々に役立つこと、大衆に役立つ効率のよいこと、一回的なことではなく、繰り返すことができること、そういう科学技術的な領域に適していることのみを追及していく。したがって、いつしか科学技術的領域にそぐわないような事柄、しかし、人間として本質的に大切な事柄が、考える対象から切り捨てられてしまうようになる。個別な人間個人の問題、一般的に広く効率的でも有能でもないと思われる文化的宗教的な人間の価値など、大切でないか、あるいは存在しないかのように思うようになる。そういう影響を与えていると言うのです。

こういう科学技術的発想に縛られている限り、地球環境問題も、南北問題も解決できない。しかも、環境問題にしても、南北問題にしても、いわゆる先進国は、自らが相当の痛みや犠牲を覚悟しなければ、解決できる問題ではない。

では、宗教は何ができるか、政治的にも経済的にも直接いかなる貢献もできないし、そんな力もないというのです。しかし、「栄華を極めたソロモンでさえ、この花の一つほどにも着飾ってはいなかった」（マタ六・二九）というものの見方、価値観の転換がなければ、自らが痛みや犠牲を覚悟して問題解決に取り組むことはできないであろう。宗教だけではないかもしれないが、宗教こそが、そのような価値の転換に大きな貢献ができるであろう、という指摘でした。

人間の地位や財力や権力や能力の象徴である栄華をきわめたときのソロモンは、まさにわたしたち人間のアイドルです。しかし、主イエスは言われました。誰も見向きもしない、踏みつけられても誰も気にかけないような小さな野の草花一本の存在の方が、そのソロモンよりきれいだ。ソロモンよりもきれいに、神はこの一本の野の草を飾って大事にしてくださっている。

この感覚、この価値観がなければわたしたちの直面している現代世界の問題解決を模索する視点を本当に自分のものとすることはできません。

わたしたちは、野の花を愛される神の愛を知るものにならなければなりません。そしてソロモンの栄華を追い求めることに没頭するのではなく、野の花を大事にされ守られる神の愛が分かる未来の世代を育てなければなりません。それが、若い大学生が貴重な年月をすごす大学の中心にある大学教会の大事な存在理由であり、大きな使命ではないでしょうか。

後記　ＩＣＵ教会の成長に伴い、現在は、教会予算も説教当時の二倍以上の規模になり、教会設備や諸経費、人件費についても、教会が応分の負担をしている。また学生のための給付奨学金基金にも貢献している。

（一九九一年一〇月二七日　教会修養会　聖日礼拝）

第Ⅱ部

自由を与えるキリスト

自由を与えるキリスト

ヨハネによる福音書八章三一～三六節

本日は特に新入生の皆さんを歓迎し、共に神の恵みと導きをあおぎたいと願っております。新入生の皆さんには心から「おめでとう」を申し上げます。

そこで、今朝はキリストがわたしども一人一人に与えてくださる「精神の自由」ということをご一緒に聖書から学んで、わたしたちの心の糧にしたいのです。

新入生の皆さんは、今までとは大きく異なった新しい環境で、新しい友人たちと一緒に勉学に励み、「そして」なのかそれとも「あるいは」なのかわかりませんが、大いに遊ぶことになるわけですから、いろいろな期待に心を弾ませておられることでしょう。

ところで、最近のある新聞に新入社員の心境についての記事が掲載されていました。それによりますと、あまりに「しらけ」てしまっていて、別に会社に何も期待していないし、それに自分にとって非合理だと思えることがあれば、「いつでもやめるよ」、「一生この会社に是が非でも勤めるつもりは全くない」という反応が目立ったとありました。わたしは「こんなにさめていては人生楽しくないなあ!」と思いました。

新入生の皆さんは、そうではないと思いますが、やはり素朴に人生の新しい一歩に心をわくわくしていただきたいですネ。そしてこのことは、実は、特に新入生に限られたことではありません。わたしたち、人間、誰しも、どんなに年を取っても、やはり常に新しいことに直面し、新しい人々に出会い続けるわけですから、そういう意味で、人生に対する新鮮な気持ちを持ち続け、常に期待と驚きに心を弾ませていたいものだと思います。

ところが、この期待に胸をふくらませるということには、同時に「いったいうまくやっていけるのかな」という不安をも伴っているのですね。そして、この不安を感じない人間は一人として存在しません。誰にとっても、不安感は楽しいものではありません。楽しくはありませんが、しかし不安感は大切な要素だとわたしは思っています。不安はわたしたちを注意深くさせ、精神を緊張させ、鋭敏にし、わたしたちの人間性に深みを与え、味を与えます。

さて、わたしたちはこのような期待と不安とを心に抱きつつ、それぞれの人生の節といいますか、新しい局面を迎えては、成長していくわけです。問題は、この人生の節が、新しい成長の機会となるか、あるいは、よく慣れ親しんできたそれまでの過去の自分の殻に逃げ込み、自分を固く閉じ込めてしまうことにしかならないか、ということです。

実は、新しい環境、新しいことや新しい人々との出会いを、一人一人が人間としての充実、成長の糧として、機会としていくためには、本当の精神の自由と勇気が必要なのです。

特に高等学校を卒業して、学部の一年に入学してきた皆さんにとっては、今まではお父さんや、お母さん、家族の人々、学校、友人、それぞれの環境が皆さんをかなり一方的に育て上げてきたと思います。

ところが、これからの大学生活、これからの一人一人の成長は、大人としての自分を確立し、成熟した人間として自分が自らの責任と主体性をもって選び、勝ち得ていく成長です。ですから、これからの大人となっていく成長とは、あるいは成熟した人間としての成長とは、必ずしも自然に、お父さんやお母さん、家族の人、友人などが即座に喜び賛成し、味方してくれる成長ではないのです。

皆さんの中のある人々は、親がどうしても許すことのできない男性や女性を好きになり、結婚したいと考える人がきっとでてくるでしょう。家族の期待を裏切ったと非難されるような、別の道を自分が生涯歩もうと決心する人が出てくるでしょう。これからの皆さんの成長過程の一つ一つには、今までのご両親、家族とのつながり方、生活環境との関係、いや、自分をとりまいていたまわりだけでなく、今までの過去の自分自身をも変革し、あるいは否定しなければならないものを含んでいます。

こうしてあなたはどこまでもあなたとして、わたしはどこまでもわたしとして、それぞれ自立した個人として成長していくのです。ですから、大人としての成長には、わたしたちの精神の自由と勇気が不可欠なのです。

さて、しかし、ひとたび目をわたしたち一人一人の現実に向けてみますと、わたしたちはどれほど主体的な精神の自由を持っていると言えるのでしょうか。

いや、こんな問いを追求して、葛藤するよりも、むしろ大人になることを初めから拒否して、顔や体だけはれっきとした大人だけれど、精神は子どものままでとどまっていたい、あるいは子どものような振りをして、自分をごまかしていたいという、いわゆるピーターパン人間が増えているというではありませんか。これでは精神的に大人であると言える人が少なくなってしまいます。事実、大学生の精神的未熟度がかなり問題になってきています。これではどうして山積みになっている現代世界の政治的、経済的、また社会的ゆがみや不正の問題に取り組み、よりよい人間社会を築いていく可能性が生まれてくると期待できるでしょうか。

それではいったいどうしたらわたしたちは精神的な主体性、自由、そして勇気を持つことができるのでしょうか。それよりも、まず精神的に自由で勇気ある人間の在り方とはどういうことなのでしょうか。

先ほど読んでいただきましたヨハネによる福音書では「わたしの言葉（つまりイエスの言葉のことですが）にとどまるならば、あなたたちは〈中略〉真理を知り、真理はあなたたちを自由にする」（八・三一～三二）と教えられています。

また初代キリスト教を世界宗教にまで発展させた歴史的な伝道者パウロが書き送ったガラテヤの信徒への手紙では「自由を得させるために、キリストはわたしたちを自由の身にしてくださったのです」（五・一）、あるいは「兄弟たち、あなたがたは、自由を得るために召し出されたのです」（五・一三）と教えられています。キリストが、あるいはキリストの真理がわたしたちに自由を与える。わたしたちを自由にするというのです。

よく日本では、ある特定の宗教に入信する、その信者になるということは、自分の自由を放棄し、その宗教の教えや行いに拘束され、束縛されるから、わたしはまっぴらごめんだという方が多くいらっしゃいます。実際、そういう宗教団体があれや、これやとあるわけですので、こういう理解も一つの生活の知恵でありましょう。もちろん、キリスト教といえどもそのような教派や教会もあるようです。また、そうなる危険性を宗教集団は常に内に持っているのでしょうから、わたしたちも常に気をつけなければなりません。

しかし聖書は、キリストが人を束縛し、自由を奪うというのではなく、全くそれとは逆に、キリストがわたしたちを自由にする。わたしたちが自由を得るためにこそ、キリストはわたしたちをキリストのところに呼び出してくださった、と告げています。

なぜでしょうか。なぜならば、わたしたち人間を心の最も深いところで束縛し、支配しているのは、実は罪の現実であり、キリストはその罪の奴隷の状態から人間を自由にするからです。

わたしたち人間の罪ということは、少しばかりの時間で、しかも口で説明して分かったというような事柄ではありません。わたしたち一人一人が、あらゆる人間としての営みの中で直面していく否定しようのない、歪んだ暗い心の現実であります。

その一面だけをここで考えてみたいのですが、よく知られた有名なことですが、ドイツの宗教改革者ルターは、罪ということを「自分自身の内側に、曲がって入ってしまった心」と言い換えました。

わたしたちの目が神や外の世界ではなく、自分の方を向いてしまう。だからもはや神を仰ぎ見ることもない。他人に本当に関心を寄せる、人に対する愛と優しさを喪失してしまう。そしてただ自分に執着し、自分の方ばかりを見続け、その意味で自分中心にのみ考え生きるということです。

このことは、いつも、他人に害を与えたり、他人をいじめたり、あるいは他人に迷惑をかけるようなあからさまなエゴイストを意味しているだけではありません。むしろ、たとえいわゆる良いことをしても、優しく、あるいは愛らしくふるまっても、どんな高尚に見えることをしても、その心の目は本当には常に自分自身の方にのみ向かっているということです。

極端な例ですが、例えば人間嫌いで一人で誰ともつきあわないでいるのが一番良いという人がいたとします。この人は特に他人に害を及ぼす人ではありません。しかし実は、この人は他の人たち以上に他人の目を気にしているのです。他の人たちが自分をどう見ているのか、どう評価するのか、気が気ではないのです。そして、そういう他人に自分が傷つけられることを恐れ、傷つくことのないようにと自分を守ろうとして、自分の殻に閉じこもってしまうのです。

さて、この人は盛んに他人の目を気にしていると言いましたが、そのことは自分の周り、自分の外の人たち自体に関心がある、ということとは違います。他の人々が何を必要としているか、何に困っているか、何を喜びとしているか、自分はその人々と共に生きるにはなにができるか、と考えているのではありません。そうではなく、他の人々が自分をどう見ているか、という自分自身に対する自分の執着からのみ、他人の目を気にしているだけなのです。

これは特殊な人に当てはまる他人事ではありません。いったい、わたしたちの中で、「わたしの心の目は、わたし自身に向かって曲がって入り込んでいるのではありません。わたしの心の目は外に向かっています。他の人々に向かっています。神に向いています」と言いきれる人がどれほどいるでしょうか。

自分自身にのみ心の目を向けている限り、精神の本当の自由も勇気も成立しません。それどころか、他人の目、他人の評価を恐れてばかりいなければなりません。また自分が新しく変革されていくことを、自分が傷つくのではないか、どうにかなってしまうのではないかと恐れ、それまでの自分の考え、好み、価値観に閉じこもってしまう。

森有正先生がかつて指摘されたように、ただそれまでの自分の判断や欲望に合うことだけを取り入れ、その他のことはすべて切り捨ててしまう。これではわたしたちは本当には成長しません。年を取り、知識は増え、外面は膨れ上がっても、本当の人間の中身は、精神は少しも成長しないどころか、かえって、やせ衰えていくのです。この意味でよく言われることですが、欧米からの科学技術や進歩した消費文化を一方で無批判に取り入れながら、日本とは異質な欧米の精神、価値観、宗教などは切り捨てて、対話することなく和魂洋才を主張してきたわたしたち現代日本人の精神の貧困さを考えざるを得ません。また、現代社会の様々な悲惨で危機的な問題の中に生きる多くの人間を目の当たりにしながら、それを直視することなく、物質的繁栄の中で自分自身の豊かさのみを求めて止まないわたしたちの罪を反省せざるを得ません。

しかし、最後にこれとは逆に自分自身に対する過度の内省から、ついには目が外に向けられるようになって、偉大な貢献を歴史に残した人物の具体例に触れて終わりたいと思います。それはスラムでの貧民救済活動、労働運動、農民運動、その他の社会運動で多大な貢献をし、世界で最もよく知られている日本人キリスト者である賀川豊彦です。

わたしは、自分が俗人ですから、いったいどういう心境で賀川はスラムに飛び込んで行ったのだろうと長い間、関心を持っていました。古屋牧師から紹介されたある論文を読んで、少なくともわたしは納得し、賀川豊彦をもっと身近に感じることができました。

この論文の著者は、賀川のスラム街入りを聖者ともいうべき完成された人間の偉大な犠牲的行為と見る解釈は、皮相としか思えない。愛に飢えた少年時代を過ごし、家の破産などの不幸を経験し、当時不治の病と言われていた結核におかされていた二十一歳の多感な青年が、聖者のような澄み切った心境を持っているとすることの方がおかしいというのです。賀川の実際の姿は、自己憐愍の感情を絶えず持ち、自殺の誘惑に何度も襲われ、一人際限のない不毛な自己内省に日を送っていた青年だというのです。スラムに入る五ヵ月前の文章にも「ア、唯、解決は之だ……死だ……死、死、死……」と書いている。また「神様は全智全能でゐらつしやるのに、よくまあこんな無価値の世界に住めることだ。〈中略〉神様は自殺なさる事がないのであらうか？」（「無の哲学」『賀川豊彦全集第24巻』キリスト新聞社、一九六四年、三六八〜九頁）という奇妙に虚無的な言葉も見られます。つまりスラム街に入る前の賀川はあらゆる意味で「病んだ」青年だったとこの論文の著者は言います（金井新二「賀川豊彦における実践的キリスト教のエートス」『近代日本の宗教思想運動』脇本平也編、一九八〇年、一四三頁以下）。

しかし、それが毎日次々に起こり直面する課題や問題をもたらすスラム街に住むことによって、賀川はそれまでの自分の内側ばかり見つめる過度の内省から救われた。それまでのように自分の内側ばかり考えていられなくなった。著者は言います。「目が外に向けられることによって、人間的に成熟していったようにわたしには思われる。スラムに住むことによって彼ははじめて大人になれたのだ」。賀川自身、「貧民窟に入って、厭世的な考えは全くどこかへ消えていた」と書いています。ここから賀川豊彦の本当の活動が始まったのです。そして歴史に名を残す貢献をしたのであります。

キリストは、わたしたち人間の罪と弱さを自らの身に負って死ぬことにより、わたしたちを罪の奴隷の状態から自由にしてくださった、と聖書は証言しています。だから、わたしたちは自分の罪や弱さを隠したり、ごまかしたり、恐れたり、逆に自分の強さや誉れを見せびらかせたり、良く評価されようと誇ったり、自分に執着し、固執する必要はもはやないのです。キリストはありのままのわたしたちの心の叫び、本当の必要をまずそのまま聞いてくださった。キリストにおいて示された神の人間に対する愛の故に、わたしたちは、未知なこと、異質なこと、どう対処して良いか分からないこと、わたしたち自身とは異なる外のことを、勇気を持って、そのまま、まず直視できる。それに直面し、新しい何かが自分の外にも自分のうちにも起こることを神からの恵みの導きとして受け止めることができます。

キリスト教の信仰、それはわたしたちの心の目を自分中心にではなく、むしろ外へ、つまり神へ、そして他の人々へ、その叫びへ、社会の現実へと向けさせるように、わたしたちに精神の自由と勇気を与えるものです。

新入生の皆さんも、また教会員の皆さんも、この神の恵みにふさわしく、人生に常にある新しさに自由な気持ちで勇気を持って直面し、新しく変革され、成長していく、そのことに胸をわくわくさせて、これからの生活に励んでいこうではありませんか。

（一九八六年四月六日　新入生歓迎礼拝）

神を喜ぶ

ローマの信徒への手紙五章六～一一節

わたしたちはＩＣＵのアカデミックな諸目標という主題のもとにいろいろな問題を真剣に討議してきました。高等教育の場である以上、この課題はＩＣＵにとって最も大切なことであることは明らかです。しかし、それが重要であるからこそ、これらアカデミックな事柄をより包括的な人間の生き方全体の問題と正しく関係づけていく努力を繰り返し続けていかなければなりません。

人間の生き方の問題という時、ＩＣＵにおいてはキリスト教信仰の次元を除外して考えることはできません。しかも、あえて「基督教大学」であるということは、この信仰の次元を単に一人の人間の深みにおける内的個人的事柄としてだけではなく、大学全体としてのレベルで吟味すべき問題であることを意味していると言えましょう。

閉会の礼拝ですのでわたしは宗務部の牧師の一人として毎日の学生とのいろいろな接触から身にしみて感じていることの一つをご一緒に考えてみたいと思います。人間としての学生への考慮がわたしたちの考えから欠落してはならないと思うからです。

それは、あえて言うまでもなく、学生たちは必ずしも専門的学術的な個々の知識の修得に一喜一憂して生きていないということです。むしろ十代最後から二十代前半の年齢に相応しく、自分の夢見る理想と毎日直面する現実のはざまで浮き沈みし、本当の自分がつかめないで優越感や逆に劣等感などと葛藤を続けています。このような年代の学生にとって、他者の目を通して自画像を確認し、自分の存在価値を実感するのに最も大切な存在はしばしば身近な他人であり、しかもお互いに同情的である友人や恋人たちです。だからこそ、クラブあるいはサークル活動やデートの方が授業や大学礼拝、コンボケーション（定例の講演会）よりも大事なことであると思えるのでしょう。

もちろん、このような学生の感覚は一方的であり、近視眼的であり、さらには危険です。また、だからこそいわゆる学問的営みを学ぶことが大切だといえましょう。

しかし、多くの学生は、学問的訓練を施す職務を担う教師一人一人を単に学問的専門家としてのみとらえてはいません。むしろ一人の人間として今自立していく過程で、その自立していくことにつきまとう、言うに言えない不安の中から、何かこれからの人生の糸口になるようなものを、教師のどこからか得ることはできないだろうかと問い続けています。その意味で教師は実に人間的な関心の対象として見つめられているように思います。

このような学生の前で、教師という職業人としての自分と一人の人間としての自分との区別をしようとしてもあまり説得的ではありません。というのは、このような説明を聞けば、学生たちは自分たちの人間的関心の対象から教師を外してしまうからです。

ところで、ＩＣＵのキリスト教についても、やはりこの意味で、生きた信仰を本当に感じ取ることができるのだろうかという人間的で具体的な事柄として、その存在と価値を学生たちは教師一人一人に問いかけるような形で観察しています。あたかも神の裁きの前で言い開きをせねばならない状況と比べられるほど、学生たちの純真な鋭い目で厳しく見つめられているといっても過言ではないと思います。

もちろん、そのような目で見つめられては、たまったものではありません。それは、時には失礼であり、えらく迷惑なことかもしれません。いかなる人間もまさに人間であるがゆえに、また人間的であろうとするがゆえに、弱さを身に負い、人間としての破れを持ち、人に言えない傷を負っているのです。

しかし、だからこそ弱いもの、罪人なるもの、不信仰な者を愛し、それらを自らの贖いの死のゆえに義とし、神と和解させてくださったキリストに頼ってわたしたちは生きています。先ほど読みましたローマの信徒への手紙の言葉通りです。

しかし問題はこの五章の一一節です。「それだけでなく、わたしたちの主イエス・キリストによって、わたしたちは神を誇りとしています（口語訳では「神を喜ぶのです」）」とあります。わたしたちは、本当に神を喜びと言えるような生き生きとした信仰を、自我の確立をめざしてさまよっている学生たちの前に確かに証ししているのでしょうか。弱さを取り去るというのではなく、逆に生きた神の存在と力を明らかにしたもう「場」として、わたしたちの弱さをそのまま本当の強さ、力としてくださる神を喜ぶ、その喜びに満ちているでしょうか。どうしたらその喜びをキリスト教大学共同体として表現できるのでしょうか。このキリストの福音に生かされている大学としてさらに前進していくことができるよう神の導きを祈り求めていきたいと思います。

（一九八二年三月二三日　教職員修養会閉会礼拝）

わたしはどのようにしてキリスト者となったか

ヘブライ人への手紙一一章一〜二節

今年の大学礼拝は、「わたしはどのようにしてキリスト者となったか」という主題で行われます。「どのようにして」「なぜ」キリスト者になったのですか、と聞かれれば、最も率直なわたしの答えは、「成りゆきです」ということになります。ただの「成りゆき」ですが、それがわたしの人生に決定的な、しかも一度として悔いることのない生き方となりました。

それはなぜか、といえば、わたしにとって、キリスト者の人生はいつもチャレンジングでエキサイティングな冒険だからです。明日は常に開かれている。何か新しいことが起きる。予想もしない事柄や人々に出会う。そして、そこにあらゆる人間世界のゆがみ、矛盾、苦悩、悪の現実とともに、実にくすしい慈しみと愛に満ちた神の働きと摂理を見ることができるからです。先ほど読んでいただいた聖書に、「信仰とは、望んでいる事柄を確信し、見えない事実を確認することです」とありました。言い換えれば、直接見て、それなりに検証できる日常の事実の力に反してまでも、いまだ見ることができる事実になっていなくても、神の働きがかならず成されるとの希望を確信させ、また見ていないことのゆえに、進み続けることを可能にする力が、キリスト教の信仰だからです。

わたしは、第二次大戦の際の空襲ですべてを失った貧しい家庭に生まれ、比較的しつけの厳しい親のもとで育ちました。思い出すことができる限り、家庭は幸せでした。

中学三年の頃、キリスト教会に毎週行くようになったのも、宣教師から英語を学ぶためで、礼拝に残るようになったのも、無料で英語だけ教えていただいて、キリスト教の話も聞かないで帰って来てしまうのは宣教師に悪いなあと思ったからです。その教会は、当時、秋田や鹿児島などから中学を卒業して集団就職でやってきた人たちが中心になってできていました。いろいろな地方の方言が行き交い、年齢も人生経験も全く異なる人たちでしたが、皆、大らかで心の澄んだ人たちでした。今、振り返れば、キリスト教の個々の教えに感動した、あるいは説得されたというよりは、その教会の人たちの仲間になりたかったから、その人たちが信じる神や信仰の世界を自分も信じてみようと思うようになったのだと思います。ですから、高校一年生の時洗礼を受け、キリスト者になったのも、単なる成りゆきです。

しかし、だんだん問題も感じるようになってきました。宣教師も、時々招かれてやってくる牧師も、教会の先輩の人たちも、どうも納得のいかない一方的なことを、あたかも自明の理であるかのごとく主張し、それを信じなければ正統なキリスト者ではないと言う。最初、一人二人だった高校生のキリスト者も多くなり、皆、教会で語られていることをそれぞれがかなり大きく解釈しなおして受け取らないと、教会にこれ以上ついていけないと思いました。

そこで、キリスト教を勉強したいと考えました。宣教師の勧めで保守的な神学校に進学しましたが、そこでの授業に絶望し、日曜日に通う教会に絶望しました。授業にはろくろく出席せず、寮のベッドで午後まで寝ていました。午後、通常の授業が終わったころから、何人かの学問的に信頼できる先生に頼んで自主ゼミをやってもらい、夜は、門限もすべて無視して、たばこの煙でもうもうとしたクラシック音楽喫茶で、閉店までヘーゲルだ、キルケゴールだと、哲学や神学から勝手な恋愛論まで、飽きもせず議論しあって、夜中の二時すぎにコンクリート塀を乗り越えて非常口から寮にもどるという生活を四年間しました。神学校からは、建学以来のひどい不良学生だと何度も警告を受けましたが、キリスト教とは何かを知りたくて、授業を放棄して、それなりに自分たちで本当に良く勉強したと思います。

卒業後は、当然、その神学校の関係教会で働く可能性もありません。自主ゼミの面倒を見てくださったハーバードから帰ったばかりの先生の推薦で米国に留学しました。大学院の学業とアルバイトで三時間から五時間の睡眠しかとれない毎日が約十年続きました。研究者になろうとか、学位がほしいとか、大学で教えたいとか、そのような希望や人生設計は、留学中も全くありませんでした。ただ学問的に、そして何よりも文献から、キリスト教とは何かを探求し続けたかっただけです。その都度、尊敬すべき先生方のお世話と推薦で学位を取ることになってしまいました。まさに、成りゆきまかせにすぎません。

わたしは今でもキリスト教に対する深刻な批判、疑問、そして失望感を引きずっています。ですから、大げさで、もったいぶった言い方でキリスト教が語られると、余計に深い偽りを感じます。しかしながら、あらゆる懐疑や批判にもかかわらず、いまだに見ることができない神の計画、神の真意を信頼して、見えない希望に生きるキリスト者の信仰の視点が、目に見える日常の現実の偏狭さから自分を多少なりとも解放し、何が人間にとって真実であるか、大切であるかをそれなりに問い続ける力、支えとなってきたことを改めて自覚しています。

わたしの歩みはよくよく考えてみると、いつも危機的な時点で、結局成りゆき任せでした。しかし、見えない神の計画、くすしき憐れみの働きを経験させられてきました。
聖書に「昔の人たちは、この信仰のゆえに神に認められました」とあります。アベルも、エノクもアブラハムもみな目に見える現実の不条理を耐え忍び、それらを乗り越えて、見えない神の約束に従う道を選択しました。自分のことをお話ししたのは、わたしもその一人だと言うのでは毛頭ありません。むしろ、自分の恥を忍んで、わたしも聖書のこれらの多くの証人に少しでも倣って、生きるキリスト者でありたいと思っていることを分かち合いたかったからです。祈りに代えて、聖書の言葉を読ませていただきます。

こういうわけで、わたしたちもまた、このようにおびただしい証人の群れに囲まれている以上、すべての重荷や絡みつく罪をかなぐり捨てて、自分に定められている競走を忍耐強く走り抜こうではありませんか、信仰の創始者また完成者であるイエスを見つめながら。このイエスは、御自身の前にある喜びを捨て、恥をもいとわないで十字架の死を耐え忍び、神の玉座の右にお座りになったのです。

（ヘブ一二・一以下）

わたしはどのようにしてキリスト者となったか

（二〇〇一年九月二六日　チャペルアワー）

真の自己を発見するために

フィリピの信徒への手紙三章一～一二節

「学問と信仰」あるいは「理性と信仰」の関係は、いつの時代においても困難な課題です。ところで皆さんが学んでいるこの国際基督教大学は、その名が示す通り、「キリスト教信仰」と「大学」ということが、切り離して考えられないということを献学の精神としています。ですから、創立の初めから、この大学の存在そのものが古典的な「学問と信仰」という難問を内包していると思います。ここが大学であるということと、キリスト教信仰ということの両者の間には、簡単に解決できない、否、恐らく解決されてはならない緊張関係があります。

わたしは、「学問と信仰」という気の遠くなるような難しいことから話しはじめましたが、もちろん、それと通じることでありますが、もっと簡単で、わたしたちに身近な事から考えてみたいと思います。

ＩＣＵの学生の多くは、学校の名前はどうであれ、修道院や神学校ではなく、教養学部から成る大学だからこそ、ＩＣＵに入学してきたのであって、キリスト教関係の活動や授業はできるかぎり、なるべく避けて通りたいと考えているようです。

逆に、少数ですが、キリスト教主義だから、キリスト教信仰がしっかり中心を占めているだろうと期待してこの大学にきたのに、どこにキリスト教があるのか、がっかりしたという人々もいるようです。

その結果、もし仮に学問もちゃんとできず、キリスト教も取り立ててどうということもなかったということになれば、キリスト教大学ということが、本来の目的とは逆に裏目にでてしまったということになります。

しかし、わたしはあえて学生の皆さんに「あなた自身の姿勢次第で、大学生活の最もすばらしいところを、この大学から勝ち得ることができる」と申し上げたいのです。

今学期の聖書概論のクラスの最初に簡単なアンケートをしました。その中で、ＩＣＵにきて人文科学科の基礎科目の一つになっている聖書概論のようなクラスを取らねばならないということについて、何か抵抗のようなものを感じますかという質問と、それからキリスト教会あるいは宗教一般についてどんな印象をいだいているかという質問をいたしました。今ここに集まっている人のなかにも、それに答えた人がいるかもしれません。その結果、受講の動機としては、人文科の基礎科目だから取ったという人たちがほとんどで、キリスト教や宗教一般についての感じというと、「どうもうさんくさい。信用できない、独善的で、排他的、偏狭」という否定的印象を持っている人が多いことが分かりました。両反応とも予想範囲内のことです。

ところが他方、こういうキリスト教学の分野のクラスをとること自体については、何の抵抗もない。むしろそれぞれが持っている疑問についての答えを見出したい、日頃知りたいと思っていたことを是非聞きたい、という期待を持っている。

わたしはここにキリスト教大学としてのＩＣＵの希望があると思います。なぜならば、自分にとってうさんくさい、嫌い、関わりたくない、と思っている事柄、しかし確実に人類の貴重な遺産として歴史の中で受け継がれ、今も人々に大きな影響を与えている事柄について興味をもって学んでみる。いわば直接に役に立たない、ぜいたくな精神の遊びの場こそ大学であっていいと思うからです。「おまえはせっかく大学に行ったのに、いったい何をやっているのだ」と言われてもいいのです。役に立ちそうにないことでも、自分が今まで嫌いであったことでも、自分とは関係がない別な世界のことだと思っていたことでも、とにかく一度取り組んでみよう、考えてみよう、知ってみよう。何か新しいことがあるかもしれない。新しい世界が開けるかもしれない。わたしは、それが大学生活の本当の楽しさであり、意義であると思っています。

もし皆さんが、本当に過去の自分の殻から脱皮して成長したい、前向きに走り続け新しい自分を発見したいのであれば、自分の古い世界に閉じこもっていてはできません。自分の古い世界に閉じこもっていると、せっかく新しいものを見ても見えず、聞いても聞こえないのです。自分と異質なものを受けつけないのです。わたしたちはあまりに早く、「もうやめてくれ、混乱してしまう」といって、頭や心の目、耳を閉じてしまわないでしょうか。

先ほど読んでいただきました聖書の箇所は、古いユダヤ教の世界にフィリピのキリスト者を引き戻そうとする論敵に対して、パウロがキリストのうちに発見した新しい世界を信じて、前に向かって走る生き方、姿勢の大切さを雄弁に語っているところです。

キリストに出会う以前の古い自分について、パウロは五～六節でこう言っています。「わたしは生まれて八日目に割礼を受け、イスラエルの民に属し、ベニヤミン族の出身で、ヘブライ人の中のヘブライ人です。律法に関してはファリサイ派の一員、熱心さの点では教会の迫害者、律法の義については非のうちどころのない者でした」。パウロは、意識的なユダヤ人でした。自分の帰属している世界、自分の価値観、論理、宗教観をはっきり自覚的に持っている人でした。ですから、そのようなユダヤ教の価値世界を否定するような、あるいは、歪めるようなキリスト教を無関心に傍観することなどできず、義憤に満ちて迫害し撲滅をはかりました。強烈な拒否反応を示しました。

しかし、わたしは、この拒否反応をはっきり示したことが、よかったのだと思います。もし自分の世界の中に隠れて無関心を装い、何も関わろうとしなければ、きっと何も新しいことは起こらなかったでしょう。パウロは無関心な姿勢をとりませんでした。腹の底から怒りました。そしてキリスト教会をつぶしにかかりました。否定的なかたちではありますが、しかし自分をまともにキリスト教にぶつけていったのです。キリスト教と真正面から戦った、対決したのです。それまでの自分をキリスト教におもいきりぶつけて自分にとっては認めることのできない別な世界、キリスト教を否定しようとしました。

その結果、パウロはその対決にみごとに負けました。負けて、全く新しい「よかった」と心から思える世界が広がったのです。新しい自分を発見しました。七～八節でこう言っています。「わたしにとって有利であったこれらのことを、キリストのゆえに損失と見なすようになったのです。そればかりか、わたしの主キリスト・イエスを知ることのあまりのすばらしさに、今では他の一切を損失とみていきます。キリストのゆえに、わたしはすべてを失いましたが、それらを塵あくたと見なしています」。

なぜ負けたのでしょうか。パウロに何が起きたのでしょうか。それは、分かりません。ただパウロは、復活したキリストに出会った、御子の啓示を受けたとしか説明しません。

しかし、少なくとも次のことを意味したと思います。

社会的にも宗教的にもあらゆる意味で弱者である、汚れた小さな者たちを自らの友としてイエスは生きた。そして忌むべき、耳にするだけでも悪寒を感じるような十字架刑で悲惨な死を遂げた。そのイエスの側にこそ神は立たれたということです。パウロにとって、復活したキリストとの出会いは神がイエスの側におられるという現実を意味しました。

神は、神の愛を喚起すべきいかなる価値も白らのうちに持ち合わせていない無に等しいと考えられていた人々に対して最大の注意を払い、いつくしみ、愛を注がれるということを、パウロはイエスのうちに認めるにいたったのです。自分は立派にしっかり生きてきたと信じきっていたユダヤ教徒パウロには、見たことも、聞いたことも、また心に想像したこともない神の愛の世界でした（Ⅰコリ一・九）。

このイエス・キリストの新しい世界から自分の古い世界を回顧したとき、はじめてパウロは、今まで見ていたのに見えず、聞いていたのに聞こえなかった自分自身の、そして古い世界の破れと歪みが、わかってきました。

ユダヤ教の律法を遵守する世界とは無縁の世界に生きざるをえない多くの人々。その人々の魂の叫びに対する神の愛を認めようとしなかった自分の世界が、見えたのです。そして今や、パウロの前には、それまで罪で汚れた世界だと考えていた広い異邦人世界が、神が愛してやまない人間の住む世界として開けてきたのです。

このパウロによって、世界史が大きく変えられることになるとはパウロ自身も考えていなかったでしょう。しかも、それは同時にパウロ自身の自画像の転換をも意味しました。

実際、自画像と世界観とは切り離せないものです。パウロにとってそれは九節で言われているように「キリストの内にいる者と認められるため」でした。十字架のイエスの低い視点から、愛の心を持ってまわりを見直してみたとき、新しい世界が、そして新しい自画像が目の前に展開してきました。

わたしは最近、『十六・七世紀イエズス会日本報告集』の一部を読みました。

豊臣秀吉はバテレン追放の理由を修道士ジョアン・ロドゥリーゲスたちに対してこう言いました。「日本は神の国であって、キリシタンの教えはふさわしくないのだ」。「当日本王国は神《カミ》の国にして、吾人は神を心《シン》と同一のものと信ず。〈中略〉而して日本の礼譲と為政とは、この神の道の遵守に存するところなり」。日本では主人と家来、父と子、夫と妻、すべて礼と和という神の道に従って生活しており、キリシタンの教えは、益なしと言いました（松田毅一監訳、第一期第一巻、一九八七年、二七〇頁）。

しかし、これに対する修道士ルイス・フロイスの批判は鋭い。分かりやすく言い換えて紹介しますと、「皆、和して親しいと言っているが、秀吉の意向や機嫌に逆らっては誰も自分の信ずるところは言えない。農夫を憐れんで、諸国に平和と落ち着きを回復したというが、実際には恐怖の念から平和にしているだけだ。農夫はいまだかってない貧しく悲惨な状態に陥っており、すべての人が今のように重いくびきのもとに圧迫されて生きたことはない。ただ関白だけが、すこぶるたくみに自画自賛しているのだ」。

このように、支配者たる秀吉の世界からみれば和合して平和な神の道が確立した日本であっても、そのかげで多くの人々が圧迫され、その叫びも聞こえないのです。

これは、そのまま今の日本にも、またわたしたちにも当てはまらないでしょうか。ある新聞に最近の日本人が書く日本人論は自国の優秀さを自画自賛する傲りに満ちたものが多く、本当に日本を愛している外国の日本人論者たちを悲しませているというのです。

わたしたちは、個人レベルにおいても、またさらに社会的レベルにおいても、自分の世界に閉じこもり、劣等感にさいなまれても、また逆に優越感に浸って自画自賛してみても、どうにもなりません。

大切なことは、新しい異質な世界と勇気をもって対決していくことです。そのとき始めて新しい成長が可能となり、新しい世界が開けてくるのです。

しかも、古巣にしがみついていたいわたしたちに前向きな姿勢をとる勇気を与えてくれるものが、実は信仰なのです。この意味で、真理を求めて新しい世界に挑んでいく大学、また新しい自画像を求めていく大学生活とキリスト教信仰とは、その根本において深く関わりあっているのではないでしょうか。ぜひ、新たな気持ちで学問とキリスト教とに対決してみてください。

（一九八七年九月二九日　チャペルアワー）

もし神がわたしたちの味方であるなら

ローマの信徒への手紙八章三一〜三九節

皆さんのような若い世代に「新人類」とレッテルをつけて、いろいろなところであれやこれやと論じられています。

わたし個人はこの「新人類」という言葉を好きではありませんし、また、この大学礼拝でいい加減な世代論を展開するつもりもありません。しかし、最近の論議で、ときどき指摘され、わたし自身も似たような印象を持たざるを得ない事の一つで、もし多少でも皆さんに当てはまるとすれば、やはりぜひ一度しっかり考えてみる必要があると思われることがあります。

それは、なにも若い人々に限られたことではないのですが、直接的な形や仕方で、自分個人と身近に関わってこない事柄については、あまりにも無関心であり、無視してしまう、という問題指摘です。

オートバイ、ファッション、男の子、女の子などについては、外の大人の世界に「それ見よ、おれたちはお前たちとは違う世界に属しているんだよ」と宣言するがごとくに、異常に熱中する。あるいは熱中しているように語り、ふるまう。そして社会の問題、政治の問題などは「関係ない」「退屈」という一言で切り捨ててしまう、と言われています。しかも、このような現象は、とにかく楽しくやればいいんだ、と言っている若者の間のことだけではなく、実は自分の生きがいを求め、存在理由を捜し求めて、いろいろな新しい諸宗教に走っている若者たちの間においても、全く同様に見られるというのです。かれらの多くの悩み、新しい宗教への入信の動機、新しい生きがいを見出したと言う時の内容、それらは他の若者たちと同様にやはり非常に身近な問題の個人的解決が中心となっており、人間たることの深い普遍的問題、社会の政治や経済、その他の根本的構造的問題に積極的に取り組んでいこう、問題を見極めていこうとする姿勢が見られないというのです。

わたし自身の過去の姿を振り返って思い起こしてみますと、オートバイの免許取得年齢に達する二年も前から内緒で友人をそそのかして、オートバイを乗り回していましたし、いろんな馬鹿げたことをやっては夢中になっていました。女の子やファッションについては、もう初めから諦めていましたが。とにかくいつの時代も若者たちは若者たちだと思います。

しかしオートバイや車やファッションや男の子や女の子への関心が、実は現代の人間社会の根本問題や普遍的世界的な人間存在に深く関わる、厳しく困難な現実から自分たちの世界を絶縁する「壁」あるいは「塀」の役割をしている。もしその通りだとしたら、これこそわたしたちが見過ごすことができない深刻な問題です。

確かに耳や目をふさぎたくなるような無意味な情報や刺激に囲まれています。また微力な個人がどうもがいてみてもどうしようもないと思われる絶望的に巨大で複雑な現代社会の中で「自分は生きている人間だ」という実在感すら奪われようとしています。ですから、どうでもよい身近な本能的な興味に熱中し、個人の内面の小さな世界に閉じこもる。そして自分一人で楽しめる世界の中でのみ、持てるだけのエネルギーと鋭い感覚を集中して、なんとか自分の世界を失わないように守ろうとする。このようなことは当然かもしれません。

しかしそれでは問題が解決しないどころか、ますますわたしたち一人一人を孤立させ、お互いに本当に人間らしい、人間としての意志疎通も不可能にしてしまうことになります。もし「オートバイの話ならしよう、だがそれ以外のことならお断りだ」といって心のドアを閉じてしまうような世界になってしまったら、それこそ絶望的です。

最近、わたしはもう一つこのことと関連する印象を、学生の皆さんのある人々から受けています。それは一言で言いますと、若い世代の人たちは本当に心が「優しくなった」ということです。思いやりがあるように見受けられます。もちろん心の優しさ、思いやりに悪いことなどありません。これほど人間にとって大切なことはないでしょう。それにもかかわらずわたしは敢えて、この最近の優しさにクエスチョン・マークを付けさせていただきたいのです。

実は昨年、学生の皆さんが友人と道を歩きながら交わしている会話のなかに、あまりに頻繁に「俺、分かるんだよね、彼の気持ち」というように「分かるんだよね」「分かるんだけどさ」という表現が、否応なくわたしの耳に飛び込んできました。どうも話をしている学生が、友人にアルバイトを紹介したようです。ところが困ったことに、そのバイトの約束をその友人はすっぽかした。当然、苦情がこの学生にやって来た。かなり嫌な思いをしたようです。そしてそのことを別な友人に話して少しでも嫌な気持ちを忘れたかったのでしょう。率直に言えば、自分の厚意を裏切った友人を非難したいわけです。ところが、それを語るのに、それこそ十五秒ごとぐらいに、「でも分かるんだよね」「分かるんだけどさ」という言葉を繰り返しているのです。相手の心境を察し、それをかばい、また友人をただ非難するだけの自分でないことを一緒に話している人に印象づけたいのでしょう。もちろんこれも、わたしたちだれもが多かれ少なかれやっていることです。

ところが数週間前にある新聞を見て驚きました。というのは、それこそ新人類の流行語の一つとして「わかるんだ」という内容のことが書かれていたからです。つまりお互いに「分かる、分かる」と言い合って、優しい理解ある態度を合図にこれ以上お互いの問題点を追及することはやめましょう。お互いの傷は「分かる、分かる」と言って痛くないように優しくして、うまくやっていきましょう、という意味合いが見受けられると指摘されていました。

この種の優しさは、そこに起きている客観的な問題が明らかに自覚されることも、またその問題の責任がとられることもない、ということに通じています。さらにこのように表面的で真実の欠けた脆い形でしか、お互いが結びついておらず、本当の友人関係すらもはや失われ、個人個人が孤立しかけている。この「優しさ」は、そのことを暗示している。そこに問題があります。

一般論ではなく、わたしたちはどうでしょうか。

わたしたちは好きでも嫌いでも、この人間社会の厳しい現実問題を直視し、真剣に取り組んでいかなければなりません。そうでないと逆にますます人間疎外の状況を悪化させ、ますます個人個人が他の人間から孤立します。本当の人間として生きていける充実感も存在の喜びも、そして人間同士の真実な心の交流も愛も失ってしまいます。

このことはなにもわたしたち全員が同じく政治や経済に関心を持ち、社会科学科へ転科した方が良いという意味ではありません。わたしたちが皆、社会運動家にならねばならないということでもありません。問題はわたしたちが良くも悪くも人間たる現実の問題に誠心誠意、正面から取り組んで、本当の真理や意味を求めているかということです。

わたしはこの点においてこそ、初めて本当の意味で宗教的問題が起きてくると思っています。全く絶望的で何をやってみたところで無駄で無意味だとしか思えない現実に取り囲まれても、なお人間が人間として生き生きと高潔に生き続ける。本当の喜びと希望を持って、葛藤しつづけ、成長しつづけていくことができる。その可能性を与えるのが、信仰です。

それが可能となるのは、神が本当に生きて存在し、共にいてくださることを信じるときだけです。ただわたしたちの個人的内的な心情だけでなく、時には理解不可能で理不尽な現実の人間社会、人間歴史をもしっかり御手のうちに支配していたもう神が、いますときだけです。無駄で無意味だと思われることをも、意味あると宣言される神が信じられるときだけです。それが聖書の語るキリスト教の信仰の姿勢です。

ですから本当の信仰は常に前向きであり、人間社会の現実にどこまでも開かれたものであって、決して閉鎖的で後ろ向きの自己逃避ではありません。安易な原則や論理やイデオロギーで言い尽くせるような答えが既に短絡的に宗教に与えられているのではありません。究極的な本当の真理、答え、解決は神にのみあるのであって、わたしたちにはありません。しかし、だからこそ希望に支えられつつ、いつまでも目標を目指して葛藤し続けることができ、また同時に人間として生きている充実感と喜びも味わうことができるのです。

最後に、キリスト教徒として社会問題や政治問題に取り組んだ人々のことを取り上げればいくらでも立派な模範を見出すことができるでしょうが、わたしは敢えて、その逆の人々のことに触れて終わりたいと思います。

わたしは最近、玉木愛子というハンセン病に侵されつつ、人間としてどこまでも高潔に生きようとした、そして事実生きたキリスト教徒の自伝を読みました。玉木愛子は明治二十年（一八八七年）大阪の商家に長女として生まれ、実に恵まれた幼少期を過ごし、舞踊や琴を習い、家族、親戚からも十分な愛を受けて幸せな日々を送っていた少女でした。ところが五歳の時にはすでに左足に水泡ができ、ハンセン病の最初の兆候が出ました。十二歳の時には左手の小指と薬指の力が抜けて思うようにならなくなりました。学校の身体検査で校医が背中に「なまず」のようなまだらな模様を見つけました。この十二歳以後は学校もやめ、すぐ外出もできなくなります。左手が自由を失い、右の手も麻痺しはじめ、足は萎え、そして唇は下がり、下目蓋は垂れて、崩れていったと記されています。妹の縁談を機会に病院に入院することにし、大阪を去って熊本に行きます。三十二歳頃です。そして昭和四年に右足切断、昭和八年に長島愛生園に転園しますが、昭和十一年左目が悪化して摘出します。ところが翌年、昭和十二年、右目も悪化して、完全に失明します。いったいこの玉木さんの人生とは何だったのでしょう。御自分でも肉のかたまりにすぎないみたいだと表現されておられます。

ところが玉木愛子さんの自伝を読んで発見することは、現実を常に直視しながら、その苦悩を引き受け、人間たることを求め続けた姿があります。一見、なにもできないようであるけれども、だれにも劣らない、いや実に優れて高潔な人間としての充実した意味ある人生を送られたという事実です。

絶望の中から、キリスト教の聖公会のイギリス人宣教師のリデルという女性が院長をしていた熊本の回春病院に入って二年目、大正十年に洗礼を受けます。そして次々に襲いかかる不幸にぶつかるたびに、ますます聖書の言葉に親しみ、信仰を深め、そして生きがいと喜びにあふれ、人々を励まし、成長し続けるのです。甘えもごまかしも自己逃避もありません。俳句を始め、俳誌「ホトトギス」に多く投句されました。絶望から感謝へと成長していく本物の人間の姿を玉木愛子さんに見ることができます。

しかしここで簡単に付け加えたいことがあります。玉木さんが入院した熊本の回春病院を創設し院を運営し続けたのは、一人の女性、ハンナ・リデルでした。リデルはお父さんがインド総督府の役人をされたような家の育ちですが、宣教師となり熊本に来ました。そして桜を見に行った帰り、青い空に美しく咲いている桜の下に多くのハンセン病の人々がいて、通る人たちに物乞いをしているのを見たのです。それでイギリスに帰り、すべての財産をお金に換え、熊本にハンセン病の人々のための病院を建てたのでした。この人は一生独身で仕え、熊本に骨を埋めました。考えてみてください。一人の良い家のイギリス女性が明治二十三年、遠い日本の熊本、その桜の木の下でハンセン病の人々が物乞いをしているのを見て、一生をその人たちのために生きようと決心し、実行したのです。このリデルを始め、献身的に医師として、キリスト教徒の人々が仕え、この世を去って行きました。玉木さんが絶望から感謝へ変えられた背後に、多くの人々の、現実を直視し、そこで直面した事実の責任を引き受けた人間らしい信仰者の働きがありました。

さて、わたしたちのことに戻りましょう。わたしたちは好むと好まざるとにかかわらず、時代の子です。しかしこのキリスト教精神を建学の理念と唱える大学に、今、属しています。わたしたちが躊躇することなく、思いきり人間社会の厳しい現実問題を直視できるようにこそ、この大学は教育を続けようとしています。そして、そのために、キリスト教信仰が現代のわたしたちになお語りかけることが多く、大切であるかを十分考え、キリスト教に取り組んでみるいろいろな機会を提供しています。

ＩＣＵの実際の精神環境はどうでしょうか。学生の皆さんの間で、本当に人間の問題を真面目に友人と語り合える環境でしょうか。それを妨げる「壁」や「塀」で自分の心を囲いあってしまってはいないでしょうか。キリスト教信仰について真剣に考えてみようとする人々を励まし、応援する雰囲気があるでしょうか。

この一年の最初の月、新人類でも旧人類でも、どうでもよいと思います。神の前に立たされている人間としてお互いに成長していく、またそのことを可能にする大学生活の精神的な環境作りに努力していこうではありませんか。

（一九八七年一月一三日　チャペルアワー）

賢い人

マタイによる福音書七章二四～二九節

毎日の新聞やテレビなどの報ずるニュースは、今、わたしたちのこの社会が何か人間にとって非常に大事なもの、大切なことを失ってしまっているのではないか、ということをわたしたちに問い続け、警告を与え続けているように思われます。

大きく取り上げられている中学校でのいわゆる「いじめ」の問題もそうですし、問題の性格は全く違いますが、温泉観光地での火災の問題もそうです。ちょっとした「そろばん勘定」で、防火体制の手抜きをして、大惨事を引き起こす。また夫婦でもない男女が一緒に宿泊していたことが、火災の被害者という惨めな姿で明らかになってしまう。こういう週刊誌の記事になるようなことから、複雑な経済的、政治的分野におけるまで、どの断面を取り上げても、果たしてわたしたちの歩み、生活の営みはこれでいいのだろうか、と考えざるをえないのです。

しかも、このような新聞やテレビを賑わしている事柄は、ここにいるわたしたちとはそんなに無縁なことではないとわたしには思えます。ＩＣＵの卒業生で、いわゆる校内暴力でなかば登校出勤拒否症に苦しまなければならないような中学校教師もいるはずです。これからそういう学校に教師として赴任しようとしている学生の皆さんもいるはずです。あるいは低俗な週刊誌が対象とするようなスキャンダラスな遊びに加わっているＩＣＵの卒業生もいるであろうし、今の在校生の中からも、将来、そういう人たちがでてこないという保証はありません。

結局、いろいろなわたしたちの社会の問題は、人間の問題であって、それはつまり、わたしたちの外にある問題ではなく、わたしたち自身、一人一人の内に存在する問題です。そして、そういう人間の問題を、十分に、真剣に考え、取り組むことが、大学生活においてかけがえのない大切なことの一つだと思います。

わたしが留学中に大変お世話になった先生の一人が、わたしたち学生があまりいろいろ不平を言っているのを聞いて、こう言われたことを覚えています。「君たちは、こうして学生生活を送れるということが、どんなにぜいたく（luxury）なことか知っていますか」。おそらく学生生活が人生の中で最もぜいたくな時だと強調されたのでしょう。しかし、その先生は、だからもう少し遠慮して小さくなっていなさいと言おうとしたのではありません。むしろ、その逆です。せっかくこんなにぜいたくな時間が与えられているのだから、このぜいたくさを十分利用して、今のときにしか考えられないこと、今のときにしか勉強できないことを自由にそして全力をつくしてやりなさい、と助言されたのです。

社会のしがらみ、圧力もありません。特に深刻な利害関係もありません。すぐさま、数字になって表れなければならないような生産性が強要されているわけでもありません。非生産的でも心配しなくてよい。失敗して遠回りしても、浪費してもよいわけです。こういう、まさにぜいたくな学生の時代をフルに利用して、自由にそして深く物事を考え追求してみる。

考えるという、このことを、止めてしまう、あるいは、くだらない事だと人生の隅の方に押しやってしまうことは、人間として最も大切なことを失う、軽視するということを意味します。

最近の学生は、どうもあまり考えるということをしなくなった、とよく耳にします。わたしも時々そう思うことがあります。もちろん、ＩＣＵには比較的よく考える学生も多くいて、頼もしく思っていますが、確かにそのような風潮があるかもしれません。わたしはいろいろな活動を通して皆さんと接していて、やはり思考力というよりは、はるかに感性のほうが優れているな、という印象を受けます。自分の考えや気持ちを表現するにも、明確な言葉よりは擬態語や擬声語を多く用いて、もっと直接的に感覚的に自分の気持ちを相手に感じてもらおうと願っているようです。わたしの家の小学校二年生の娘も何かを質問して分からないときに、「分かりません」とは言わないで、その代わりに、擬態語で、「もじもじ」とか「うじうじ」と自分で言うのには参ってしまいます。

感覚世界が深められ、広がること、これは素晴らしいことです。やはりわたしが留学中に新約聖書学の助手をしていた時のことです。マルコによる福音書の研究を目的としたクラスの学期末のレポートを出すように学生は求められていたのですが、一人の女子学生はレポートを書く代わりに、わたしはダンスを創作し、ダンスを演じて、マルコによる福音書のある箇所の解釈をしたいので、それで成績をつけてほしいというのです。担当教授と助手として手伝っていたわたしとはひそひそ話で、お互いに「おい、ダンスを鑑賞する自信があるかい。ぼくは、ダンスなどを見ても、全くわかる自信がないね。困ったな」と言い合ったことを覚えています。実際、ダンス芸術など、全くわからないわたしにはレオタード姿で踊られても、いったいそれとマルコによる福音書のどことどう結びつくのか、さっぱりわかりませんでした。しかし、とにかく、彼女はダンスをし、わたしたちはそれを鑑賞するために一所懸命見ていました。

彼女は、わたしたちに見てもらい理解されるために踊っています。見ているわたしたちと彼女との間にある隔たり、距離を意識して、またわたしたちがダンス芸術に無知なことを承知の上で、何かを語り、理解されたいと踊っています。だからわたしたちが「分からなかった」と答えたら、芸術が分からないからだと怒るのではなく、ダンスでの表現がまだ十分でなかったからだと、がっかりしていました。貴重な経験でした。

ところが、全くわたし個人の勝手な感想に過ぎませんが、見ているだけでは何も楽しくない、自分自身がパフォームする側の一員として参加していなければつまらない、という若者の文化が急増しているように思え、今お話ししたダンスの場合とは全く別な意味で、違和感を抱くことがあります。距離をおいて見ていても楽しくも面白くもない。つまり、観客不在の世界です。自分を失うことなく自分のまま、ただ見ているということによってパフォーマーと対話でき何かを共有できる、それがどうも少なくなっているように思われるのです。

学生の時代、それは、多くの人々にとって自我の確立の大切な時に違いありません。自分とはいったい何者なのか、ということを自分の周りの人々、友人たちと接触しながら、探り当て、確立していくときです。

問題はどのようにして自分を確認しようとしているのかということです。若者のファッションの代表だと言われているようなことがあれば、がむしゃらに自分をそこに引きずり込み、そのファッションの一部として自分を見出すことによって、ああ、わたしは皆と一つなのだ、一人孤立しているのではないのだ、皆と一緒の仲間なのだ、ということを確認して、安心する。そういうことはないでしょうか。言い換えれば、ある特殊な流行こそが自分と他の人々との感覚や関心の共通性であるというような、自ら考える主体性がない、没主体的な行動の中に、自己を確認しようとするのであれば、それは大変な問題を含んでいると言わざるを得ません。

今の時代に、しかも学生という年代になすべき、最も大切なことの一つ、それは考えるということだと思います。つまり直接的なこと、即物的なこと、目の前のことだけでなく、むしろ、それを一度離れて全体との関係で自己の方向性と展望を見出すという営みです。自分の人生の目的や意味を広い人間世界との関わりで、そしてそれら全世界の創造者たる神との関わりの中で追求し続けるということです。この展望を見失うとき、わたしたちの人生は実に脆く崩壊していきます。

先ほど読んでいただいたマタイ七章二四節以下は、砂の上に家を建てた人の愚かさに対して、岩の上に家を建てた人の賢さを取り上げた譬《たと》えです。この箇所は、有名な「こころの貧しい人たちは、さいわいである」という言葉を含む山上の説教と呼ばれる教えの最後の締めくくりのところにあたります。ここでは、主イエス・キリストの教えを聞き、それを実践することの大切さが警告の形で強調されています。ここから、いろいろなことが学べるわけですが、今日はただ一つのことだけに注目してみます。

それは、ここでの愚かな人と賢い人の違いはどこにあったのか、という一点です。もちろん皆さんは家を建てた場所の問題で、一方が砂の上に建て、他方が岩の上に建てた点が違うのだと答えられるでしょう。その通りです。しかし、その意味を本当に考えてみたことがあるでしょうか。

そのためにまず二人の共通点を考えてみましょう。二人とも家を建てようとしたことです。しかもその家ということ自体には両者の間でなんらの違いも問題になっていません。一方が鉄筋コンクリートで、他方がみすぼらしい小屋だというのではありません。建てる家についての違いはありません。

第二の共通点は、建てられる家の場所や環境です。一見しますと、一方が砂の上、一方が岩の上ということですが、いくら愚かな人でもわざわざ砂の上に家を建てようとは思いません。ルカによる福音書の平行記事がこのことをより合理化して説明しています。ルカによれば、「地面を深く掘り下げ、岩の上に土台を置いて」（六・四八）とあります。すなわちどちらも一見した限りでは、表面は砂地です。

第三の共通点は、同様な環境で同様な試練あるいは災難にあっているということです。共に雨が降り、洪水が押し寄せ、風が吹きました。どちらかの受けた災難が他方より軽かったとか、あるいは異なった種類の災難であったとかいうのではないということです。つまり一見したところすべて同じなのです。

ところが、同じ災難にあいながら、その結果は、まったく正反対となりました。一方はバラバラに粉砕され、完全に崩壊してしまうのに対して、他方の家は風が吹いて来ても倒れない。

その根本的な相違点はただ一つです。つまり一方の家を建てた人は、将来襲ってくる最悪の事態を予想し、考え、理性的に打つべき手を打ち、努力して砂に隠れている岩を探し、その堅固な岩の上に土台を土台らしく置く賢さがあったという点です。

もちろんここで、このような堅固な岩の上に自らの人生を築く賢い人とは、主イエス・キリストご自身、またその主イエスの言葉を聞き、それに服従する生き方に歩む人のことを意味していることは明らかです。しかしその点で、もう一度注意深く考えなければならないことがあります。どういうことかというと、主イエス・キリストの言葉が人生の堅固な岩であるということは実は、砂に覆われ隠されているように、決して自明のことではなく、むしろ逆説的にのみ成り立っているということです。

いったいどこに、イエスこそわたしたちの人生の堅固な岩であると言い得る根拠や実証があるというのでしょうか。むしろイエスに立ち向かっている、いやイエスなど無視して平然としている広く大きな世界の方が、揺るがない岩のようではないのでしょうか。

それなのに、イエスは「わたしのこれらの言葉を聞いて行う者は皆、岩の上に自分の家を建てた賢い人に似ている」（マタ七・二四）とわたしたちに語りかけます。この逆説こそが、わたしたちの人生観を揺さぶるのです。

先に、この箇所は山上の説教の最後のところだと申しましたが、あの有名な「さいわい」の言葉を思い起こしてみてください。もちろん、マタイによる福音書ではかなり精神化され、倫理化されてはいますが、それでもまだこのことは言えると思います。いったい、貧しい者のどこが幸いなのでしょう。悲しんでいる人の何が幸いなのでしょう。飢え渇いている人がなぜ幸いなのでしょう。

もちろんそれは、かれらに、かれらを豊かにし、慰め、あきたらせる神の正義と愛の支配する神の世界に、かれらが生きるようになるとの約束が与えられているからです。しかしその約束の宣言が本当かどうか、それに自分の運命をかけてよいのかどうか、それはただその「さいわい」

を宣言する得体のしれないナザレのイエスの存在にのみかかっているという事実を、わたしたちははっきり自覚しているでしょうか。

他方、このマタイ七章一三節以下で繰り返し、わたしたちが避けるべきこととして語られていることは、何を指しているのでしょうか。

一三節以下では命に至る門に入るように教えられていますが、それは狭く、その道は細く、そこに入る人も少ない。逆に滅びへの門は大きく、道も広く、しかも大勢の人々が入って行くとあります。滅びの門と言われている方が実は人気のある多数派の生き方です。またその次の警告も同様です。神の国に入れない人々とは預言をしたり、悪霊を追い出したり、奇跡を行ったりと、教会に属して、そのカリスマを発揮した人々です。そういうカリスマ的な人々こそ民衆の憧れであり、希望を与えてくれる存在でしょう。ところがかれらは神の国に入れないと言うのです。

イエスは、当時のユダヤ社会で長い過去の歴史の伝統と権威に根拠づけて語り教えるユダヤ教指導者たちを相手にして、「しかし、わたしはあなたがたに言う」と言って反対命題をつきつけられました。

このイエスの頭の周りには決して後光など、輝いていなかったのです。イエスの言葉の真実性を実証するような権力も集団組織もなにもなかったのです。今教会のカレンダーではレント、四句節に入りましたが、もしイエスを代表するシンボル、印があるとしたら、それは十字架での悲惨な死とそれに至る苦難の道でしょう。

いや、キリスト教信仰とは、復活信仰ではないかと言われるかもしれません。その通りです。復活の信仰によってのみ、イエスが神の子であると信じられるのです。しかし、それゆえなおさら、神の御子イエスということの逆説性が深められるのです。キリストの復活とは、イエスを美化するためというよりは、むしろこの卑しき僕《しもべ》イエスこそ神の「否」ではなく、反対に、まさしく真実の「しかり」であったことを本来意味します。従って、ますます主イエスの屈辱に満ちた十字架の生涯が鮮明にわたしたちに迫ってくるのです。

さて、わたしたちの中には、クリスチャンもクリスチャンでない人もいます。またわたしたちの属するこのICUは、名前の通りキリスト教に基づく大学ですが、そうでない大学がほとんどです。わたしたちは一人の人間として、大差なく人生を築いていきます。同じような家を建てようとしています。また大学として他の大学と同様に、大学本来の目的を遂行すべく皆、努力し、励んでいます。それは皆同じです。それでは相違点は何なのでしょう。それはイエスの「これらの言葉を聞いて、行う」ことを常に、それぞれの人生のチャレンジとして、また大学全体に対するチャレンジとして、受け止め続け、またそのことを追求し続けるところにあるのではないでしょうか。
その具体的内容は、決して簡単で、自明のことではありません。一人一人の人生の状況、社会や時代の状況によって、いったい何が、イエスがその状況で語られる言葉であり、行うべき教えであるか。それらはわたしたちが努力し、深く考え、探し求め続けなければならない事柄です。しかしそうすることこそ、岩の上に家を建てる賢い人のようだと、主イエスはわたしたちにチャレンジしておられます。わたしたちはそのチャレンジを受け止める、考える主体的人間でしょうか。

（一九八六年二月一八日　チャペルアワー）

イエスとの対話

ルカによる福音書一六章一〜八節

二週間前の六日間はキリスト教週間でした。今年のキリスト教週間の大きなスローガンは、「キリストに出会う」ということでした。なぜ「キリスト教に出会う」といわないで、あえて「キリストに出会う」というのか？　そもそも「キリストに出会う」ということによって何を意味しようとしたのでしょうか。

否定すべくもなく、キリスト教は人類、文化、社会に計りしれない影響を与えてきました。ですからＩＣＵのような大学という場において、学問的営みという次元からキリスト教を捉えていくということは必要欠くべからざる課題です。しかし、そこにはひとつの大きな落とし穴があります。つまりキリスト教の宗教的次元を見失い易いということです。

いかにキリスト教は社会的な文化的な広がりを本質的にうちに含むものだとしても、キリスト教は、やはり宗教として、いたって個人的、主体的な次元での受け止め方を要求してくるものです。この次元を直視しないで、キリスト教を語り合う虚しさを多くの学生諸君は直感的に感じとっているように思えます。いったい本当にわたしたちに「信仰」ということを考えさせるようなキリスト教とは何か、果たして、キリスト教はいまさらわたしたちが敢えて信仰するに値するものなのかという宗教的問いかけです。それがキリスト教をキリスト教にしているところの、「イエス・キリスト」に主体的に関わってみようというスローガンになったと思います。

しかしここで、ではどうしたら宗教的感受性に乏しいわたしのような人間がイエス・キリストに出会うことができるのか、その糸口はどこにあるのか、という非常に具体的な、しかし、途方もなく難しい問題にぶつかります。

この問いに対する決まり切った答えがあるとは思いません。ただ、わたしはわたしなりに最近、イエスとはどのような人物だったのだろう、わたしたち俗人にどのように語りかけて来る方であったのだろうという関心を中心にして、もう一度新約聖書の福音書に記されているイエスの譬《たと》え話を読み直しています。学問的営みというよりは、わたし個人の想像力を媒介とするイエスの言葉とわたしという主体との対話です。このことがわたしにとっては、わたしたちが救い主、キリストであると信じるイエスともう一度関わり合う体験となっています。その一部分を皆さんと分かち合ってみたいと願っています。

先ほど読んでいただきましたルカ一六章一〜八節の譬え話は、理解するのに最もやっかいな箇所の一つです。

話が難しいから理解しにくいのではありません。話そのものはいたって簡単です。そうではなくて、話の内容がどう考えても賛同しかねるまずい内容だからです。ここで言われていることをなんとか人道的に正当化できる理解の仕方がないものかといろいろ議論されてきました。

この譬え話のおおまかな筋書きはこうです。

ある資産家に財産管理を委託されていた男がいた。この男は、それをよいことに遊行費として、か、私財をふやしていたのかわかりませんが、とにかく不当に主人の財産を浪費していた。しかし悪いことはなかなかうまくいかないもので、そのことを主人に告げ口する者がいたわけです。そこで、その資産家の主人は、この男を呼びつけて言った。「君はいったいどういうことをしてくれたのだ。家政の家計簿を持ってきて見せたまえ。もうこれ以上君に家政をつかさどらせるわけにはいかない」。この男は「これでもうすべては終わった」と思って、頭がくらくらしたに違いありません。

しかしこの一時的なショックを乗り越えて、今度は一か八か、なんとか生きのびられる方法を考えました。この男はしぶとく悪い人間で、こういうのっぴきならない状況に追い込まれても決して足を洗って心を入れかえ、まっとうな労働をして人生をやりなおそうなどとは思わない。今さら、このおれにそんな労苦に耐えるほどの力も忍耐もないと言うわけです。怠け者です。かといって物乞いをするには、プライドが許さない。そんな小恥ずかしいことはできない。そこで頭をしぼって思いついたのが、これまた悪いことです。

この資産家の主人に借金をしてまだ返済できていないでいる人々の借財証書がまだ自分の手の内にある。いまや、賄賂として人々に渡す金を工面することはできないが、この借財証書の金額を安く書き直して、かれらに恩を売っておけば、この職から追放された時、なんとかおれの面倒を見てくれるに違いないと考えたのです。この主人から未払いのまま油三八〇〇リットルを融通してもらっていた人に、今のうちに半分の量の一九〇〇リットルと証書を書き換えさせました。さらに小麦九〇〇〇リットルを借用している人には九〇〇リットル分減らすという調子で借財証書を書き改めさせたのです。こうしてかれらにこの男への恩義を着せました。実に、職務怠慢、職権乱用、横領、そして買収を全部やってのけたのが、この譬《たと》え話の主人公である一人の男です。ここまでならば、この話はただの三面記事でしかありません。しかしこの話を一八〇度ひっくりかえすような発言が一言、八節に出てきます。「主人は、この不正な管理人の抜け目のないやり方をほめた」。こういう調子でやっている男の不正を主人は叱責するのではなくほめた。彼が賢く立ちふるまったからだというわけです。これでは正義も社会秩序もなりたちません。

もちろん、ここでイエスはこの男の不正それ自体を肯定し、だから皆さんもずるがしこく利口に上手くやりなさいと教えているのではありません。

イエスがこの男の話を取り上げた目的はただ一つです。それはほかでもない、この男が自分の人生はこれで終わりだ、すべてが終わったという危機的ないきづまりに、立ちくらみを感じたその時、すぐに訪れる決定的な終わりを目前にして、もう一度自分の手にあるものをながめ、新たに生き延びられる行動をいち早くとった。危機に直面したその男の敏速で周到な決断と行動を浮き彫りにしたかったわけです。

その男のすべてがだれの目からも見ても、許しがたい不正で満ちており、骨の髄まで腐っているような様相を示しているので、主人に叱責され、罵倒されるのが当然だと映る。だからこそ、八節の結論、つまり主人がこの男の利口なやり方をほめた、という奇異な結論が「そんな馬鹿な！」という強い拒絶反応をわたしたちに起こさせます。

しかしその拒絶反応は両刃の剣のようなもので、わたしたち自身への問いとして、自分たちに向けてはねかえってきます。それではわたしは、立ちくらみを覚えるような人生の危機に直面した時、いったいどう決断し、どういう新しい行動が取れるというのか、という問いです。もちろん新約聖書における一連のイエスの教えから分かることですが、イエスはこの譬え話で一般論を語っているのではありません。神の裁きという人間のいかなるごまかしもいいわけも通用しない究極的な危機に直面して、なお答えうる生き方をしているのかとイエスは問いかけています。

わたしが今、問いたいのはこのことです。この一節から八節前半までのイエスの譬え話を聞いて、このような譬えを語るイエスという人物をどう感じますか。もしこの譬え話を語るイエスを目のあたりにしていたとしたら、あなたはこのイエスに対してどういう反応を示したでしょうか。

確かに、イエスはこの男の不正、それ自体を肯定してはいません。しかし驚くべきことには、その逆にあるヒステリックな宗教道徳家のように、人間のすべての物事、営みを一つ一つ道徳的に吟味し裁かずにはいられないような神経質な要素も見当たりません。この不正な男に向けられてもおかしくない冷たく、苦々しい非難や罵倒を感じさせる雰囲気は、微塵もありません。むしろ、あさましいとさげすむ以前に、悪に対する怒りで否定してしまう以前に、八節の「主人がほめた」とあるように、その男のあるがままを好奇心いっぱいで見つめておられるイエスをわたしは感じました。必死に生き延びるすべを備えようとするその不正な男を「ほめる」という結論で話を終わらせることができた。そういうイエスの人間に対するユーモアに満ちた余裕と愛着をわたしは感じました。

しかも、イエスはこの醜悪でどこまでも世俗的な男の不正な決断と行動を、よりにもよって、神の裁きの前に立たなければならない人間がなすべき決断と行動を喚起するための接点、そのひな型的体験として、わたしたちに投げかけられました。

このことを言い換えてみると、イエスの語りかけていることは、どこまでも利己的で貪欲な自分をごまかしたり隠したり打ち消したりすることなく、そのままの自分として主体的にイエスに関わるようにとのチャレンジです。この不正な世俗的な男は、イエスの目には失われていません。

イエス・キリストとの出会い。それはわたしたち自身の一方的な自己主張、モノローグからは生まれません。しかし同時に自分自身の主体性、自己をむやみに放棄してしまい、考えることをやめ、悩むことをやめ、迷うことをやめ、人間であることをやめてしまうという意味で、神に非人格的に隷属し聖書の文字に隷従するという仕方の、一方的なモノローグからも生まれません。

わたしという人間が、主体的に全身全霊をもってイエスの語りかけを聞き、それと葛藤し対話していく時、聖書と対話していく時、そしてキリスト教会の交わりの中で人々と対話していく時、はじめてイエス・キリストとの出会いがわたしたちの内に人格的体験として始まるとわたしは信じています。

（一九八二年六月一日　チャペルアワー）

合理化を拒むイエス

ヨハネによる福音書九章一〜五節

先週のキリスト教週間は、人権ということをいろいろな側面から改めて考える良い機会でした。今日、皆さんと短い時間、蛇足になってしまうかもしれませんが、生まれたときから目が見えない人を中心にしたイエスと弟子たち、またイエスとファリサイ人との対論から、イエスがどのように人権の問題を捉えられたのかを一緒に考えてみたいと思います。

先ほど朗読していただいた、ヨハネによる福音書九章の話は、非常に印象的です。

生まれたときから目が見えないという身体の障がいを背負った青年が、道の脇で物乞いをして暮らしていたようです。ある時、イエスと弟子たちがそこを通りかかりました。同じく人間としてこの世に生を受けたのに、目が見えないという大変な障がいを背負って生まれた。そしてせっかく成人しても、道の脇で、通りすがりの人に物乞いをして一生を過ごさねばならない。普段なら、ありふれた光景として気にもとめずに通り過ぎていくのでしょう。

しかし、ありふれた光景が突如、どう受けとめて良いのか分からない人間の運命、現実の姿として弟子たちの目に飛び込んできました。

弟子たちは、一瞬戸惑いを覚えました。そしてイエスにこう尋ねました。「先生、この人が、目が見えない障がいを持って生まれてくることになった原因は、罪のせいだと思いますが、本人の罪のせいでしょうか、いや生まれたときからだから、両親の罪の罰でしょうか」。われわれ日本人であれば、「先祖のたたりでしょうか」と言うところでしょう。この問いに対して、イエスは驚くべき答えをされました。「本人が罪を犯したからでも、両親が罪を犯したからでもない。神の業がこの人に現れるためである」。

ここで、目が見えないという身体的障がいを、人々はマイナス、負の姿として理解していたことが明らかです。しかも、その障がいには原因があって、その結果であるという論理で納得していました。さらには、身体的欠損というマイナスを生む原因を神のせいにすることは、許されることではない。したがって、神によるあるべき人間創造の姿、あるいは秩序に劣り、それに反するとしか考えられない身体的障がいは、人間の罪が原因であり、その罪の報いであると理解されました。いわゆる、因果応報の論理です。

今日のように、世俗化された日本の社会でも、驚くほど広く因果応報の考え方が支持されているのを見ると、それ以外の論理では納得できないような理不尽な苦しい現実がたくさんあるのだな、と思います。それは、一方で、マイナスの現実の原因を神のせいにしないで済むという宗教的で敬虔な装いを持った論理であり、他方、そのような困難な現実に対して、罪の刑罰とか呪いとか、あるいはけがれという宗教的また社会的にマイナスのレッテルを貼って中央の世界から排斥し、裏の隅に位置づけることによって、安心できる秩序ある表の世界を保つ論理です。ですから、心身ともに社会の主流を歩いている人々にとっては、自分が脅かされることも、煩わされることもない仕方で、マイナスの現実を理由づけ、合理化して納得できる都合の良い論理なのです。

しかし、理不尽な苦しい現実を背負わされた人は、どうなるのでしょうか。

ほとんどの人は、この残酷で悲しい秩序づけの論理を、自分自身が生きて存在していること自体が申し訳ないかのごとく小さくなりつつ、それを自分の姿の説明としてやはり受け入れたのでしょう。物乞いをしながら道の脇で過ごしていた生まれつき目が見えなかったこの青年も、その一人でした。

このような人間社会の考え方が、具体的かつ赤裸々に表れているのが、三四節のファリサイ人の言葉です。自分の目を見えるようにしてくださったイエスは、神から来られた方としか考えられないというこの青年に、執拗に質問を浴びせかけていたファリサイ人は、ついに本音を口走っています。「お前は全く罪の中に生まれたのに、我々に教えようというのか」。われわれ義なる者に、罪人の分際のお前が、教えようというのか、自分の立場をわきまえよ、というのです。

これが、因果応報の合理的論理の意味する構造です。わたしたちは、あまり簡単に人間の現実の問題を合理化して納得してしまってはいけないのです。

イエスは、因果応報の論理で、青年の障がいをマイナスと位置づけ納得してしまうことを否定されました。そんな論理では、この青年はただ絶望です。どうして、わたしは、こうなのだというような原因探求でなく、いかに欠陥が多いとしても、わたしが存在している目的は何なのか、と考える仕方で、イエスはこの青年の存在の目的へと視点を向けます。目が見えない大変な障がいを背負って生きているこの青年の存在の目的は何か、ということにイエスは注目しています。そしてイエスは言われました。「神の業がこの人に現れるためである」。

突如として、神を引っ張り出してきて、神の業が現れるためだ、というのはあまりにも乱暴で独断的な主張で、論理も何もあったものではない、と見えるかもしれません。そうだと思います。しかし、どんなにわたしたち人間の目にマイナスに見えようと、それにもかかわらずわたしたちに関心を抱き、関わることを喜びとしてくださる神以外によって、解決が与えられるような問題ではない。具体的にはそれが何であれ、大変な障がいや人格の破れを背負ったわたしたち人間の存在に目的を与え、生きていく意義を与えることができるのは、いかなるマイナスもプラスに換えて用いられる神の他にはありません。

どうすることもできない過去の因果の論理がどうであろうとも、いかなるマイナスのレッテルが貼られていようとも、その人を認め、その人のうえに、またその人を通して神が、かけがえのない意義あることをなしてくださるという視点に立って、イエスはこの盲人の青年に関わってくかれました。この青年は、イエスによって目が癒されただけでなく、イエスがいかなるお方であるかが、ますます見えるようになっていきます。それとは反対に、自分の義を確信し、知識を誇るファリサイ人は、ますます心をかたくなにし、真理が見えなくなっていきます。

わたしたち人間の存在の目的を神の愛というキリスト教信仰の視点から繰り返し真摯に考え直してみることが、人権の問題に関しても大切なことではないでしょうか。

（一九九一年五月二九日　チャペルアワー）

失敗と恵み――自由に生きるために必要な基本

マルコによる福音書一四章六六～七二節

宗務部主催の第七回目の学生セミナーのテーマは「自由への渇望」でした。そこで出てきたことの一つに、失敗することに対する恐れからの自由ということがありました。

現代のように、何事も専門化され、細分化され、何をするにも精密で、高い技術、知識が要求されるようになると、その結果ますます失敗をすることが許されなくなってきます。わたしたち一人一人に対する期待もますます大きくなってきます。そして、誰に言われるまでもなく、そのような生活環境の中で育ってきた者にとっては、自分はこうなければならない、あるいは是が非でもこうなりたいという自己のあるべき姿自体が、そのような期待に答えようとするかのごとく、ますます高いものとなってわたしたち一人一人に重くのしかかって来ます。

つまり結局は社会とか、家族や友人の誰かということではなく、誰でもない、自分自身が自分のあるべき姿、これからなるべき姿を規定してくるのです。その具体的基準こそ、人によって異なっていますが、しかしそれなりに「成功したい」「成功しなければならない」という意識がわたしたちを強く支配します。

残念ながら、失敗をしない人間は一人もいません。

しかし成功への期待が大きければ大きいほど、失敗する自分をそのまま受け入れることが困難となります。まさに期待と現実との差にぶつかり、落ち込みの体験をすることになります。

どんな人間も失敗をすることは自明の理であり、これほど普遍的なことはありません。それなのに、なぜそんなに失敗が恐ろしいのでしょうか。多くの人は今でも失敗を許してくれます。わたしたちも人の失敗を許すことができます。

しかし多くの場合他の人ではなく、自分こそがわたし自身に対する最も厳しい尺度であり、批判者であり裁き主です。人が自分を許しても、自分自身が許せず、他人の許しも率直に受け取れないわけです。

現代の高度に発展した能力中心の文化社会で、わたしたちは知らぬ間に大らかに失敗する権利を失いつつあるのではないかと考えさせられました。失敗したとき、どう考え、どうしたら立ち直ることができるのかということを問題にする以前に、非常に矛盾に満ちた奇妙な言い方ですが、自由に心置きなく失敗できるかどうかということを問わなければならないように思えてなりません。ここにも、わたしたち現代人が直面している人間性に対する危機があるのではないでしょうか。

失敗ということを考えると、どうしても福音書に書かれているペトロのことが心に浮かんできます。そこで、もう一度マルコによる福音書に出てくるペトロに関する描写をたどってみました。

なぜペトロは何度も失敗したのか、どのように失敗から立ち直ったのかという問いを心に持ちつつ読んだのですが、読み終わりふとペトロの全体像を思い浮かべてみて、気づいたことがこのことです。

つまり現代人のわたしたちが忘れかけているように思うのですが、ペトロは実に愚かに、実に自由で素朴に失敗を繰り返して生きていたということです。失敗をするということが、ごく当然なこととして、自分の人生の一部を形づくっている姿を印象づけられました。

皆さんもよくご存じのことと思いますが、イエスの愛弟子の一人で初代キリスト教会の指導者の一人となったのが、このペトロです。本来はシモンと言う名前ですが、教会が建てられる頑丈な土台の基礎となる岩、つまりギリシア語の男性形でペトロスというニックネームで呼ばれるようになったと言われるペトロです。

マルコによる福音書では、イエスに従った多くの人々の中でも、特に一二人が重要な愛弟子としてグループを形成しています。さらにこの一二人のうち特別にペトロ、ヤコブ、ヤコブの兄弟ヨハネの三人がいつもイエスと行動を共にするイエスの側近のような役目をしています。

ですからイエスの弟子の代表としてペトロを考えることができるでしょう。

マルコによる福音書では、このようにイエスの近くに位置するものほど、より多く、より深くイエスから指導を受けていたように書かれています。この弟子たちの代表であるペトロが歴史の世界に一躍デビューしたエピソードと言えば、フィリポ・カイサリアの村々へ出かける途中、イエスが弟子たちに「あなたがたはわたしをだれと言うか」と尋ねられたとき、ペトロが、有名な「あなたは、メシアです」という告白をした事件です（マコ八・二九）。このエピソード（並行箇所であるマタ一六・一八～一九を参照）がカトリック教会の教皇権の土台とさえなった大事な出来事です。ペトロ個人の人生においてもこれは忘れることのできない記念すべき体験であったはずです。

しかし、注目すべきことは、この素晴らしい出来事には思い出すのも辛いような事件が結びついているということです。

ペトロが使ったキリスト、つまり救い主という言葉の意味と、イエスの生きざまとの間には、大きなずれがありました。

イエスがこれから十字架の受難の道を歩むのだということを表明されたとき、ペトロが考えていたキリストの概念とはあまりにも違っていたので「ペトロはイエスをわきへお連れして、いさめ始めた」（八・三二）と書かれています。その時イエスがペトロに言われた激しい非難は、ペトロの心を深く傷つけたと思われます。イエスは振り返って、弟子たちを見ながら、ペトロを叱って言われた、「サタン、引き下がれ。あなたは神のことを思わず、人間のことを思っている」（八・三三）。ペトロはイエスに悪魔呼ばわりされたのです。

ある時、ペトロはヤコブ、ヨハネと三人だけでイエスと一緒に高い山に登りました。

そこで旧約の聖者、モーセとエリヤとイエスの三人が輝く白の衣をまとって話しているという、とんでもない光景を見ました。

見ると、一緒にいたヤコブもヨハネも恐ろしさのあまり口もきけないで黙っているではありませんか。

ペトロはこの目の前にしている光景と、誰も何も言わない沈黙に耐えかねました。何かを言わなければ、という衝動にかられながらも、何を言って良いのか分かりません。そこで、ついにペトロはイエスに向かって言いました。「仮小屋を三つ建てましょう。一つはあなたのため、一つはモーセのため、もう一つはエリヤのためです」(九・五)。

なぜ小屋など建てると言ったのでしょうか？

八章六節では「ペトロは、どう言えばよいのか、分からなかった。弟子たちは非常に恐れていたのである」と説明されています。

このようなペトロの姿をぜひ心に描いてみてください。

ペトロの素朴さは一〇章二八節にも良く出ています。すべてを捨てて、従ってきなさいといわれ、富める青年が悲しく去っていった後、ペトロはイエスに言いました。「このとおり、わたしたちは何もかも捨ててあなたに従って参りました」。

いよいよイエスの生涯の最後が近づいてきたとき、イエスは弟子たちに言われました。「あなたがたは皆わたしにつまずく」(一四・二七)。そこでペトロは早速こう言い切ります。「たとえ、みんながつまずいても、わたしはつまずきません」(一四・二九)。イエスがいや、きっとわたしを知らないと言うだろうと言われると、ペトロは力を込めてこう言います。「たとえ、御一緒に死なねばならなくなっても、あなたのことを知らないなどとは決して申しません」（一四・三一）。

しかしそれに続く記事を読んでみてください。

イエスは悩み苦しみ、地にひれ伏して神に祈りをささげているのに、ペトロをはじめ弟子たちは居眠りをしているのです。危機感などないのです。イエスはペトロに言われました。「シモン、眠っているのか。わずか一時も目を覚ましていられなかったのか」。しかしイエスが再び祈っておられる間に、またかれらは眠ってしまいます。同じことが三度も起きました。

そして今日読んでいただいたエピソードに話は続きます。

イエスが大祭司の前で尋問を受けている同じ時、この大祭司の女中の一人がペトロに言います。「あなたも、あのナザレのイエスと一緒にいた」（一四・六七）。

大祭司の前でイエスが、自分の死刑を逃れる弁明もせず、自分が何者であるか隠そうとされなかったのとは対照的に、ペトロは、この大祭司の女中の言葉に「あなたが何のことを言っているか、わたしには分からないし、見当もつかない」（一四・六八）と打ち消して逃げようとするのです。その女中がまたペトロを見つけて「この人は、あの人たちの仲間です」（一四・六九）というと、ペトロはまたそれを打ち消します。しかし人々も「確かに、お前はあの連中の仲間だ」というのに対してペトロは「あなたがたの言っているそんな人は知らない」と言ってついに激しく誓い始めたと七一節に書かれています。

「何もかも捨ててあなたに従って参りました」、「たとえ、御一緒に死なねばならなくなってもあなたのことを知らないなどとは決して申しません」と言ったペトロが見事にイエスを知らないと三度も言ってしまうはめに陥ったのです。

その時二度鶏が鳴きました。

鶏でなくてもなんでも良いのです。

大事なことは、イエスが先にペトロに言われた通りになったということです。

「たとえ、みんながつまずいても、わたしはつまずきません」と言うペトロに対して、イエスは「はっきり言っておくが、あなたは今日、今夜、鶏が二度鳴く前に、三度わたしのことを知らないと言うだろう」と言われました。それをペトロは鶏の鳴く声ではっきりと思い出したのです。

イエスの言葉を思い出したペトロは「いきなり泣きだした」と七二節に書かれています。自分の気持ちを素朴に率直に主張し、大失敗をし、その失敗を心から認め泣き崩れているペトロがここにいます。この失敗を体験したからと言って急にペトロが成長し、立派になったとは思えません。しかしそういう自分をはじめから知っておられ、なお自分を見捨てないでくださる方がここにいてくださるということは、心の底から感じ取れたでありましょう。

イエスによって表された神は、わたしたちが失敗しても、見捨てたり、憎んだり、無関心になったりする方ではありません。失敗することと愛されないこととは結びつかない、別なことなのです。ペトロはただこの大きな失敗を通して、それを学んだだけではなく、もともと、失敗を繰り返しても、それでも自分たちを愛し導かれるイエスの目の前に、失敗など恐れていなかったと思います。許されない失敗など考えの中になかったのではないでしょうか。そうでなければ死んでもあなたを裏切りませんなどと、ぬけぬけと言える素朴さを失わないで生きることはできなかったでしょう。

わたしたち現代人はただ失敗を通して学ぶ恵みだけでなく、愛されなくなることを恐れ、失敗することを恐れる必要のない人間関係、失敗できる恵みを味わう必要があります。

しかしそのためには失敗にもかかわらず、お互いが人間であることを認め合える社会が必要です。そのような生き方をする人間が必要です。失敗を美化するのではありません。失敗は失敗、罪は罪、あいまいにしたり、ごまかしたりしては解決にならない。しかしそれ以上に大切なこと、イエス・キリストはそのために十字架にかかって身代わりとなり、しかもそういうわたしたちを愛し続けてくださった。

「友のために自分の命を捨てること、これ以上に大きな愛はない」（ヨハ一五・一三）と聖書で言われていますが、これは社会の一般的傾向とは逆です。こんな大きな霊的戦いをわたしたちは負いきれません。

もし神がわたしたちの味方であるならば、だれがわたしたちに敵対できますか。わたしたちすべてのために、その御子をさえ惜しまず死に渡された方は、御子と一緒にすべてのものをわたしたちに賜らないはずがありましょうか。だれが神に選ばれた者たちを訴えるでしょう。人を義としてくださるのは神なのです。だれがわたしたちを罪に定めることができましょう。死んだ方、否、むしろ、復活させられた方であるキリスト・イエスが、神の右に座っていて、わたしたちのために執り成してくださるのです。

（ロマ八・三一～三四）

このキリストの赦しを心から信じる者は、もう失敗を恐れなくても良い。自由な人生をのびのびと生きることができる。神の愛に支えられ、守られている。怖くない。

わたしたちはこういう信仰を持っているのか、信仰が本当に生きているのか。もう一度イエス・キリストの福音に耳を傾けなければなりません。

（一九八二年一一月九日　チャペルアワー）

神を悩ます

ルカによる福音書一八章一～八節

国際基督教大学の教養学部要覧をみると、その「キリスト教的使命」の項目に次のように言われています。

ＩＣＵは高等教育の場であるから、キリスト教信者の獲得を基本的な目的とするものではない。しかし、この大学に学ぶものの一人一人には、学園生活を通して個々の人生や社会生活の中における神の存在とその力に目をひらく機会があたえられ、よびかけがなされている。よびかけそのものはキリスト教の立場からなされるものであるが、それに応えて学生はおのおの自ら真理を求め、それぞれ見出した真理に身を捧げるものとなるようにすすめられている。

この文章を良く読んでみますと、なかなか味わい深い内容が主張されています。確かにここは大学なのですから、その第一義的目的は高等教育を行うということは当然で、キリスト教信者の獲得が基本的な、第一義的な目標であっては本末転倒です。ＩＣＵに在学する間にキリスト教に入信して、受洗したから、単位は足りないが卒業できるとか、高等教育を立派にこなしてきたのに、大学礼拝に一度も出席しなかったから落第だとかいうようなことがあったら大変困ったことになります。この当然な前提をしっかり確認した上で、それではいったい、このような高等教育の場において、キリスト教宗教活動は何なのか、どうあるべきか、が問題となります。

複雑なことはさておいて、先ほど引用した文章には非常に重要な言葉が含まれています。それは「機会が与えられ、よびかけが行われる」、英文の方では一言で"Being challenged"と言われていますが、この「よびかけ」「チャレンジ」ということがそのひとつ、さらにこのよびかけに対する応答として、学生が自ら「真理を求める」、この絶えざる真理追求、宗教的用語で言う「求道」が第二のことです。呼びかけ、チャレンジと真理追求、求道ということです。

このことを少し落ちついて考えてみますと、何もキリスト教大学にのみ固有なことでも、また大学四年間に限られたことでもありません。わたしたち人間の全生涯を通じて、この二つのこと、チャレンジと真理追求ということがなかったなら、それこそおもしろくもない、退屈な人生となってしまいます。

このような一般的な意味でのチャレンジと何かの真理追求、真実を求めていくということが、このICUにおいては、特に「キリスト教の立場から」なされるということです。

具体的に個々のことを考えていきますと、いろいろな事情があって、そう絶望する必要もないかもしれません。とは言うものの、この大学礼拝一つ取り上げてみても、大多数の学生が今大学礼拝の時間も、なにかをするということもなくキャンパスのあちこちで単に時を過ごしている。天候さえ良ければ本館前の芝生でボオッと幸せなときを過ごす人も多くいます。それはそれで良いでしょう。

問題は、ではいったいどこで、いつ本当にキリスト教の立場からのよびかけ、チャレンジを受けているのだろうか、ということです。あるいはそのチャレンジに本気で、賛成でも反対でも構わないが、応答しよう、真理を問題にしようと奮い立つことが十分あるのかということです。

しかし、そのためにはどうしたらよいのでしょうか。わたしは何もこのチャペルの席が人で一杯になる必要はないと思います。人数は少なくても良い。ここに今日こうして大学礼拝に出席している少しの学生諸君で良い。あるいは、聖研などを行っている一握りのグループで良い。それで良いから、そのあなた方が、同じ仲間の友人たちによびかけ、チャレンジを与え、絶えず真理を追求していくようにお互い刺激を与えあっていくことこそが大事なのであり、また現実に可能な唯一の方法であると思います。

しかし、そうすることができるためには、まずわたしたち自身に、常に神からの新しいよびかけ、チャレンジに心を開いて、それを受け止める勇気がなければなりません。

神は、わたしたちの聞きたくない人々の声を通し、見たくもない現実に直面させることによって、わたしたちによびかけられます。それを怖がっていてはだめです。わたしたち自身が真理、真実を求めて、新鮮で生き生きとしていなければなりません。

先ほど、ルカによる福音書一八章に記されていますイエスの譬えの一つを読んでいただきました。わたしは主イエスの譬えを読む度に、きれいごとではなくて、生身の人間の姿がそのまま実直にとらえられ、その現実の人間に鋭く語りかけられるイエス、常に呼びかけ、チャレンジを与えて止まないイエスに出会います。この一八章の譬えもその一つです。

この譬えを構成している素材からして、いたって人間的で世俗的な物語です。「神を畏れず人を人とも思わない裁判官がいた」ということですから、これは、とんでもない裁判官です。いったい何を基準として裁くというのでしょうか。

この裁判官に訴えた人は、一人のやもめと言われています。場面描写では、何か複数の人間が法廷に集まって審議するという様子などは全く欠如していますから、別に取り立てて大きな事件が取り扱われているのではないように思われます。当時「やもめ」と言われて物語に登場するとき、それは貧しく、弱く、力のない存在としてのイメージが象徴されていました。これらの状況を総合して考えますと、恐らく、この女性は、借金か、遺産相続の約束あるいはそれの受与に関しての金銭問題のために訴えることにしたのでしょう。しかも、このように、裁判官に取り上げてもらうまでに何度も何度も、執拗に訴えているということは、この裁判官に賄賂を出して便宜を図ってもらうこともできない貧しい女性であったことが想像できます。

逆にこの裁判官は、自分の利益になるかどうかをその行動の基準とする人間であったのでしょう。神も人間も真理もどうでも良い、のらりくらりと自分の得になること以外には動きそうもない裁判官と、他方、お金も何もない、ただ繰り返し叫び、訴え続け、執拗に粘り、求め続ける以外に手段を持たない一女性との対決であります。

そこでいったい、何が起きたのでしょうか。何も変わった神の奇跡が起きたわけではありません。不正な裁判官が、急に真理に目覚めるなどという事件は起きません。急に神に対する恐れに襲われたとも言われていません。急に人間が哀れになり、人間に対する愛着といとおしさが心に溢れてきたとも書いてありません。この男になんの新しい変化も奇跡も起こりませんでした。

そこで起きたことは何だったのでしょうか。それは、実にその不義なる裁判官らしく、あまりの煩わしさにうんざりし、これ以上悩まされないようにという呆れた動機だけで彼女の訴えを認め、事を終わらせたというのです。

四～五節、「自分は神など畏れないし、人を人とも思わない。しかし、あのやもめは、うるさくてかなわないから、彼女のために裁判をしてやろう。さもないと、ひっきりなしにやって来て、わたしをさんざんな目に遭わすにちがいない」。この裁判官のいいかげんな考えが、この女性の問題に解決を与えました。

イエスはこの裁判はけしからんと言って、義憤に満ちたとは描かれていません。この裁判官を打ち倒そうとも語られていません。

むしろイエスが見ておられるのは、この不義なる裁判官がこの貧しいやもめの絶えざる訴えに、ついに動いたというその一点です。

この全く異なった二人の人間のやり取りによって起きる人間の営みを、道徳や倫理などで良し悪しを決めることなど、忘れてしまって、どうなるかとじっと見入っているイエスの姿勢をわたしは感じます。そして、そのように、いたって世俗的で日常的な生活を営んでいるわたしたちに対して、イエスが、もう一度、わたしたちの人間同士の営みを新しく見つめなおしてご覧なさい、そうすれば、神からのよびかけ、チャレンジに目覚め、神を求め、真理を追究し続けるということがどういうことか、分かるでしょう、と言われているように思えるのです。

この人間の営みの、一方で深刻で真剣でありながら、他方で同時に深い意味で不思議なおもしろさを十分感じ取っていくという人間性を軽視すると、わたしたちは、イエスの語られる譬えの持つ力を自分のものとして味わうことができなくなるのではないでしょうか。なぜならばイエスはその譬えの中で起きた人間の動きをとらえ、それを感じ取れる人間の心に神のことを語られるからです。この不義な裁判官においてすらそうであれば、まして義なる神は、わたしたちの求めを聞いてくださらないことがあろうか、とよびかけられるのです。

ただ自分の主張に、初めからうなずき、賛同してくれる人々が良い友人とは限りません。真理の追求、真実な求道とは、なにもいつも同意することではありません。自分の思うこと、考えることをもって、精一杯反論してみたり、疑問視してみたり、批判してみたりしながら本当のものを求め続けていくことです。この不義なる裁判官ですら執拗なやもめの求めに動いた。ましてや神は求めに応えてくださらない事があろうか、という約束をこの譬えはわたしたちに告知しています。

この神の約束を信じる恵みに与っているわたしたちは、まさに神様を悩ませ続けて良いのですから、安心して、勇気を持って、新しい神のよびかけにチャレンジしていきたいと思います。さらに真理を求め続けていきたいと思います。そして人間同士の間で起きる、人間らしい出来事に共鳴することを軽視することなく、わたしたちの友人、仲間によびかけ、共に真実を求めていくことに励もうではありませんか。

（一九八四年六月五日　チャペルアワー）

霊は人を生かす

コリントの信徒への手紙二　三章四〜六節

今年のキリスト教週間は、五月二三日から一週間の間、開かれます。準備に携わっている学生の皆さんは、思いもよらない仕事量にきっと驚きながらも、頑張ってくれていることだと思います。わたし自身も、いろいろな雑用に追われているのと、それに年齢のせいもあって、ゆっくり夜を徹して学生の皆さんとお話しすることも最近はしていませんので、学生の皆さんがどのような問題意識をもっているのか、具体的には分かりません。しかし、毎年、例えば、キリスト教週間のような、ＩＣＵの、それこそ創立の理念にある意味で深く関わるような行事の準備に携わってみて、ますますＩＣＵにおけるキリスト教の意味が分からなくなった、あるいはもう絶望します。

た、もうＩＣＵにはキリスト教の精神は生きていない、と感じて問題を提起する人たちが出てきます。

周りを見渡せばほとんどの学友たちは初めからＩＣＵがキリスト教精神に基づくなどということは、自分には関わりのない事だと考えているし、内側を覗けば、これまた問題だらけだというわけで、生命が既になくなってしまって残骸だけになったキリスト教では、害あって益なし、という気持ちになるのは当然でしょう。

わたし個人の最近の感想を最初に述べておきますと、確かに、はりきって突っ走ると、がっかりすることも多くあるだろうと思いますが、しかしまだまだＩＣＵには、キリスト教の信仰と精神が生きていると思わされることが多くあります。

問題は、まだまだ生きている良いものを、しっかり自分たちの身近なこととして発見し、生かしていないという点にあるように思っています。今日の大学礼拝に参加している特に学生の皆さん、悪いことではなく、何か良いことを一つ、もちろん、二つでも、三つでも結構なのですが、とにかくキリスト教週間の中で発見してみてください。きっとＩＣＵというキリスト教と関わりのある大学に来て良かったと思えることを発見できると思います。

以上のことを確認した上で、やはりわたしたち一人一人がしっかり注意していないと、本当にキリスト教の精神を文字通り喪失してしまうことになる危険性が待ち受けているのも事実ではないかと思います。

というのは、何事も時間の経過とともに発展をとげていくと、やはり制度化され、合理化され、管理しやすいものへと変えられていきます。これはなにも一概に間違ったことではなく、むしろそれに失敗をすれば、良いか悪いかの問題どころか、存在自体がなくなってしまうことになるでしょう。

それにもかかわらず、どうも制度化、合理化、管理主義化ということと、本来の精神を生き生きと感じさせるような精神環境を作り上げ、維持していくこととは、両立しにくい緊張なり、矛盾する何かがあるようです。

わたしの勝手な直感ですが、それは、そこに機械やロボットではなく、気難しい人間が存在しているからだと思います。善と悪を兼ねそなえ、合理と非合理の両面を合せ持ち、一つの原理で規定されない人間の問題がそこに存在しているからです。わたしには、十歳の娘が一人おりますが、だんだん複雑さを増し、扱いが難しくなってきました。まだ十歳だからいいですが、ここに集まっている学生の皆さんだったら、もっと大変でしょうね。ましてや、先生方については、おして知るべし、ということになるのでしょうか。そういう人間が、現在、この地球上に四十数億人生きています。そのわたしたちが、人間らしく生きられるところで、わたしたちは、生きがい、人生の意味、あるいは価値とか目的というものを発見することができるわけです。

ところが、現実の社会は、まさにそれとは反対の方向へ進まざるを得ないのが実情です。今から八年も前に武田清子先生が編集された『私の生きた二十世紀』(日本基督教団出版局、一九八〇年)という本があります。ＩＣＵに関係深い先生方が二十世紀を振り返って大切なことを述べられた本です。

そのなかで、大塚久雄先生が、次のような事をお話しになっておられます。二十世紀後半には、経済的貧困の問題とは別なもう一つの問題が姿を現した。それは、経済の時代とも呼べる時代の到来に伴う問題です。引用しますと、「管理社会化とか、技術社会化とか言われているような現象です。つまり、経済の領域で大経営の発達が著しいというだけでなく、もっと広く、官庁も政党も大学などもすべてが大経営化の傾向をとって、そのために社会全体が一大経営の様相を呈するようになる、そうした現象だといってもよいかと思います」。

すると、人々の日常的な営みは、途方もなく大きな全体の中の小さな断片でしかなくなり、しかも全体との関わりも、そのことの大切さ、意味も段々はっきりしなくなる。人間が、社会生活をしている、生きているということの意味が分からなくなってくる。つまり、外側からの人間疎外による意味の喪失です。

第二に、このような大経営のためには、操作可能な、あるいは予見可能な数量化、計量化ということが起きてくる。数値による合理化を徹底的に追求していく。当然、人間一人一人の日常性から数量計算できないものの価値や意味が根こそぎ奪い去られていき、今度は、人間の心の内側から生きがいを感じさせる意味世界が崩壊していく。つまり、現代の経済中心社会は、外からも内からも、人間疎外、意味喪失を引き起こしているという指摘です。

経済の難しいことは分かりませんので、大塚先生の言葉だけをお借りした訳ですが、最近のある新聞に、中学の教育における管理主義の意識調査について載っていました。「服の乱れは心の乱れ」という理解を、九五％の教師が支持しており、したがって最近の校則批判に反発を示し、九四％が世間の無理解を嘆いたというのです。良い意味でも、悪い意味でも真面目すぎて、常識と非常識とが分からなくなってしまった先生の問題が指摘されていました。規律正しい良き社会人になってもらうためにと思って管理を強めるのでしょうが、子どもたち一人一人にとって、自分が人間として生きていて楽しいな、良かったなということが実感できる小さな精神世界は、いとも簡単に奪われてしまう。これでは、人間であることに対する感覚を育てる機会さえなくなってしまいます。

最も恐ろしいことは、こういう計量化され、管理化された社会に適応し、競争に勝ち抜けるように育てられてきて、人間喪失も、意味疎外も問題に感じない、つまり人間であることに対する感覚を失ってしまうことです。

本来、正しいことであって、その正しいことを守るためにいろいろな規定や規則などが作られ、管理されるのでしょうが、人間の現実は常に変化し、硬直した規則やコードは、その主人公であった人間を失います。

わたしが最近ふとしたことで経験した一つのエピソードをお話ししたいと思います。

ある事情で、韓国からカナダに移民したご夫妻の御父様のホルマリン漬けになったご遺体の確認と葬儀のために日大の医学部の解剖学教室の霊安室に行きました。

その亡くなられていた父親というのは、二八年前にある事情で韓国を追放され、それ以来日本に住んでいた人でした。奥様は、日本に出国することが許されず、その間離れ離れに暮らしました。もちろん、手紙のやり取りは頻繁にありました。娘夫婦は、カナダに移民しました。奥様も年老いて、アメリカのロサンゼルスに移り、日本にいるご主人を呼ぶ準備をしていました。

ところが、二年ほど前から、手紙も来なくなり、音信不通になりました。最後の手紙は、ある病院から出されたものでした。そこでたまたま知りあった日本人の家族に父親の居所と状態を追跡して調べてくれるように頼みました。どうも、もう意志疎通できそうもない状態になり、病院を転々としているることが分かったので、やりくりして、一ヵ月ほど前、ついに日本にやって来ました。ところが、悲しいことに、父親は、二ヵ月前、すでに亡くなっていました。

何故、このことをお話しするかというと、実は埼玉県のある市役所の福祉課が最後の医療手当の世話をしていたのですが、亡くなったとき、身元不明ということで、ご遺体は学生の実習用に解剖学教室に送られることになりました。その福祉課に行ってみますと、父親の所持品としてカナダの娘夫婦の住所や、韓国の自分の妹の住所、それにロサンゼルスの奥様の住所が書かれた手紙が残っていました。すべて正しい現住所です。そしてこれらの住所を福祉課の人はよく知っていました。ところが、それらのどの住所にも、親族に連絡するために一通の手紙も出そうとしなかったことが分かりました。

その福祉課の人は、英語や韓国語が書けなかったかもしれません。しかし今の時代です。身元調査ぐらい簡単にできるはずです。その福祉課の人は説明しました。日本国内の場合は、あらゆる手段を使って身内の人を探す努力をしなければなりません。しかしそれは日本国内だけのことで、外国までそれをやる責任はありません。

恐らくそうなのでしょう。しかしいったい何が起きたのでしょうか。

二八年間、離れ離れに暮らした奥さんが、帰国できない韓国でなく、ロサンゼルスに病気のご主人を呼び寄せて一緒に暮らしたいと準備してきた。その長い年月と辛苦を考えてみてください。そして手紙が来なくなった二年前から必死で、居所を探し続けていたのです。福祉課の人は、法律的にも自分の職務からも、何も間違ったことをやったわけではありません。七十歳をこえた日本名を名乗る韓国の一人の病人をちゃんと病院に入院させ、世話をしたのです。しかし、分かっていた住所には、外国だから、一度も連絡の可能性も探ろうとしなかった。家族が日本に到着し発見したのは、二八年間、奥さんにも家族の誰にも会わないまま亡くなり、ホルマリン漬けになった父親でした。

いまや国際化の時代だ、と言われます。ＩＣＵの皆さんにとっても関係のない事柄ではありません。しかし国際化の問題はなにも華やかなビジネスや学術分野のことだけではありません。強盗も、押し売りも、泥棒も、いまや国際的になりました。そして埼玉の小さな市役所の中の福祉課の一人の職員も外国に手紙を書き送ることが普通のことであれば、どんなに良かったかと思います。

身近な次元で国際化の問題が起きているのです。そして国際化の問題だけではありません。合理化され、数量化され、管理化された制度の中で、何ヵ月も世話をした人の持っている住所に一度も手紙を書くことがないという結果が生じたのです。聖書にあるとおり、「文字は殺」すのです。

さて、このように本来は、人間を正しく生命の道に導き、悪い道から守って、正しい社会生活をお互いに築きあげていくために与えられた旧約聖書世界であるイスラエルの「律法」も、人間を忘れてしまうと、硬直した文字に過ぎなくなります。律法を学び、守っていけるような生活環境にない大勢のイスラエルの民衆は、神の祝福される生命の世界から疎外されて、苦しまなければなりませんでした。その暗闇の中に取り残されていた人々に神は関心を寄せ、あわれみ、愛すべき貴重な人間として交わりの御手を差し伸べられる。その神の恵みを、身をもって示し宣教したのが、イエス・キリストであり、またキリスト教の伝道者としてキリストに従ったパウロでした。いかに弱り果て、汚れ、ぼろぼろになっていても、その人たちをいつくしみ、人として愛し、人格的な交わりを持とうとされる神を、先ほど読んでいただいた聖書の箇所では、「霊」と呼んで、文字に過ぎない律法と対照させています。「神はわたしたちに、新しい契約に仕える資格、文字ではなく霊に仕える資格を与えてくださいました。文字は殺しますが、霊は生かします」。

社会の組織化、管理化の進んだ中で人間の内面的崩壊が起きる。それに対して、どうしたら良いのか。

森有正先生は、こう言われています。社会の管理化と人間の内面の崩壊、モラルの混乱などの因果関係をたてて、解決をしていかなければならない事柄であろうけれども、「むしろ直接にそういうふうな悪自体というものに直面して、新しい生き方を、人間の、私どもが生きているという意識そのものの根底から汲み出して、その瞬間ごとにそれを克服していくことがまず第一にあって、その上で、いろいろな実践上の因果関係をたてるということが来なくては、逆転してしまうのではないか。どうもそういうふうな気がするのです」と（同書、一四五頁）。社会学的に因果関係が分からなくても、その得体のしれないものと戦って、それをあくまで人間化するために努力していく以外に方法はないのではないか、そして、そのためには、「自分の内部における勝利をまず獲得していきたい」と言っておられます。

わたしたちは、人間を忘れてはならないことを強調しました。誰も、忘れたくはありません。問題は、自分が人間として失われているということさえ分からない、見えないということにあります。この点で、わたしたちは、真剣に信仰ということを考えてみる必要があるのではないでしょうか。

わたしたちに、本当の人間として対面し、本当の人間として責任を要求し、そしてわたしたちをどこまでもかけがえのない人格を持つものとして慈しんでくださるイエス・キリストの神に直面することによって、わたしたち人間は生きるものとなります。

そのような自分自身の内面の人間化から始めてみる時、何を為すべきか、何が人のためにできるか、ということも見えてくるのではないでしょうか。

何よりもまず皆さん自身が、わたしたち自身が、神の霊に生かされること、人を生かす神の霊に仕える者になること、そのとき、意味を喪失したところに新しい人間化が始まります。そのとき、ＩＣＵのキリスト教の精神も生きたものになります。


（一九八八年五月一〇日　チャペルアワー）

あなたはどこにいるのか

創世記三章八〜九節

皆さん、こんにちは。新入生の皆さんは、入学おめでとうございます。

今日は、旧約聖書の最初のアダムとエバの物語に出てくる神の呼びかけの声について、考えてみたいと思います。食べてはいけないという神の戒めに背いて、食べたアダムとエバが神の顔を逃れるために、木の陰に身を隠しました。その二人に神は、「あなたはどこにいるのか」と呼びかけました。

そこでまず、「かくれんぼ」についてお話ししましょう。

わたしにも幼いときがありました。戦争で焼け野原となったあとに建てられた一時しのぎのような粗末な長屋で、わたしは幼少時代を過ごしました。よく「かくれんぼ」をして遊びました。上手に素早く隠れることが大切で、鬼に見つかったら終わりです。ルールは簡単。ところが、このルールは、実はそんなに簡単でないことをわたしは経験しました。

ほんとうにしっかり隠れることに成功し、最後まで、だれも見つけることができなかったら、この遊びは少しもおもしろくないということです。適当な時に見つかるから遊びになるのです。

あるとき、わたしはほんとうにしっかり隠れて、一時間すぎても見つかりませんでした。だれも探しに来ません。人の気配も感じません。様子がおかしくて、外に出ました。もう夕方なのです。友だちは、家に帰ってしまってだれもいません。わたしはあまり一所懸命、長く隠れていて、方向もわからなくなっていました。一人自分の家に帰ろうと歩きました。でもまったく見知らぬ景色になるだけです。道に迷って家にも帰れなくなりました。たまたま勤務先から叔母が自転車で帰ってくるところに出会い、どうしてこんなところにいるのと声をかけられ、安心して大泣きしたことを覚えています。

子どものかくれんぼですら、隠れるだけでなく、見つかることが不可欠で大切なことです。

「あなたはどこにいるのか」という神の問いかけ、呼びかけは、わたしたち人間が聞かなければならない声なのではないでしょうか。

なぜ、かくれんぼのお話をしたか、種明かしをします。

わたしがICUに来て、もうすぐ満三二年になります。その時その時、学生たちと一緒に成長していくことが楽しかったので、気がついたら三二年もたってしまったということだと思います。もちろん、ほんとうに成長していったのは学生で、わたしは横に成長しただけです。

さて、皆さんにぜひ訴えたいと思うことが一つあります。

それは、少なくともわたしの目から見ると、すばらしい機会、絶好のチャンス、ICUに蓄えられているたくさんの宝物に囲まれているのに、多くの学生の皆さんが隠れてしまって、どこにもいない、呼びかけてもだれも出てこないと思えることがしばしばあるからです。しかも、三年になり就職活動が近づくと必死になっている。なぜ、隠れていないで、一年生の今からいつも機会を捉え自らにチャレンジし続けていないのか、という訴えです。

例えば、今になっては、時代錯誤的な事例かもしれませんが、すぐれた研究者だけでなく、社会に大きな影響を与えた芸術家、作家、脚本家、映画監督、批評家などたくさんの方々がICUに来てくださり講演をしてくださいました。山田洋二監督が寅さんのお話をしてくださったのも、芸術は爆発だと叫んで、時間がきても話をやめようとしなかった岡本太郎氏、あるいは作家の辻邦生氏が、最近、男子の元気がなく、女子学生がすぐれているのはどうしてなのかに触れたお話も鮮明に覚えています。

ところが、このような定期的な講演会も、姿を消してしまいました。さまざまな事情があったのでしょう。ただ、すばらしい講演を聞くD館オーディトリアムに、いつもたくさんいたはずの学生の姿が、年々少なくなり、最後には十人ほどの学生以外、だれもいない、だれもこない、ということがむしろ通常の状況になったことを覚えています。

どこに学生諸君は行ってしまったのでしょうか。アルバイト？　図書館？　ゼミ？　そうかもしれません。ただ、その時間、本館前の芝生は、学生たちで一杯でした。大学礼拝の時間も同じことが言えます。

友だちと等身大的な話をすることも、勉強以上に大切なことは、自分の経験からもよく分かります。それならば、毎回でなくても、何回かの機会に一度あるいは二度は、大切そうなことに出て行ってチャレンジしてみよう、という選択があってもよいのではないでしょうか。

先週は、正門からこの礼拝堂までの通称「滑走路」、正式には「マクリーン通り」の桜は満開でした。マクリーンは、アメリカ・ヴァージニア州のキリスト教会の牧師の名前です。一九四六年一月、広島、長崎への原爆投下というとんでもないことをしてしまったことを悔恨し、謝罪と和解と将来の平和を目指して日本のために何かをしなければならないとマクリーン牧師は人々に訴えました。それが広く報道され、多くの人々が共感し、寄付活動が始まりました。そのことも六年、あるいは七年のちのＩＣＵ開学に至る一つの動きとなりました。

勝利国アメリカには、原爆投下の悔恨の念に悩み、謝罪の必要を痛感したマクリーン牧師がいた。「あなたはどこにいるのか」という良心の声をきいたのでしょう。「あなたの隣人を愛せよ」、和解と平和のために立てという神の呼びかけを聞いたのでしょう。そのことを記念して、寄付金で桜の苗木が植えられ、マクリーン通りの桜並木になって、皆さんをＩＣＵに迎えてくれたのです。

人間の歴史には、悲惨で不穏な闇が社会を覆うときがあります。一見平和で繁栄している社会であるように見えても、恐ろしい虚無が深く人々の心をむしばんでいるときもあります。そんなとき、だれかが、「あなたはどこにいるのか」という問いかけの声を聞きます。歴史において、何人もそのような問いかけに応えて、立ち上がった人々がいます。

わたしたちの人生には、「あなたはどこにいるのか」と問いかける、呼びかける声がどこからか聞こえてくる時がきっとあります。自分の内側からの問いかけかもしれません。「おまえは今、どこにいるのか」。聞きたくもない就職の面接での問いかけが、それなのかもしれません。あるいは、もっともっと根源的などこかからの呼びかけかもしれません。「あなたはどこにいるのか」。

神の戒めに背いたアダムは、「あなたはどこにいるのか」という神の問いかけを、悔恨し、立ち直る、立ち上がる機会とすることはできず、むしろ、自分の失敗の責任を愛する妻の責任だと転嫁しました。こうして神にたいしてのみでなく、愛する妻をも裏切りました。

しかし、歴史を見ると、社会からの脅迫にもかかわらず、時代の流行や社会通念に反しても、「わたしはここにいます」と問いかけに応え、立ち上がった人々もいます。マクリーン通りの桜も、そんな人がいたことをわたしたちに語りかけています。

「あなたはどこにいるのか」。この呼びかけに応える学生生活を、ぜひ過ごしてください。

（二〇一二年四月一七日　新入生歓迎　チャペルアワー）

第Ⅲ部

さらにまさる道

さらにまさる道

コリントの信徒への手紙一　一三章一〜一三節

三月という季節がら、卒業記念礼拝はしばしばキリスト教会の暦のレント、つまりキリストの苦難と十字架の死を瞑想し、罪を悔い改める季節に重なります。事実、今日は、主イエスがいよいよエルサレムの都に入り、十字架の死に定められた最後の受難週を迎えられたことを記念する棕榈《しゅろ》の日です。

さて、世界に出ていくということと受難の道とは深く結びついた事柄のように思えます。というのは、わたしたちの人間世界は、自分の夢や希望を実現する可能性と機会に満ちた明るい側面だけではなく、人間の欲望と欲望が激しくぶつかりあい、お互いを傷つけ、他の人の人間性を踏みにじってでも、自己の欲望を追求して止まない、恐ろしい側面を持っているからです。

そのような人間社会のただ中で、神が望んでおられる人間に相応しい真実な生き方をしていこうとすれば、かならずや多くの問題と戦い、多大な犠牲を払わなければならないでしょう。その意味で、徹底的に真実な愛の道を歩まれた主イエスが受けねばならなかった苦しみと十字架は、このことを最も鮮明に象徴しています。

さらに、イエスが弟子たちを遣わされるときに、言われた言葉が思い出されます。


わたしはあなたがたを遣わす。それは、狼の群れに羊を送り込むようなものだ。

（マタ一〇・一六）


今朝は、皆さんとご一緒に、わたしたち一人一人が真実に生きる道を確認し、そのために直面しなければならない問題や困難を、あえて引き受けていく人間に成るために大切なことを考えてみたいのです。決して安易な道だけを求め、あげくの果ては自分より弱い羊を食い物にする狼に成りさがってはなりません。

ところで、ＩＣＵを卒業する人たち、またＩＣＵ教会に集うわたしたちには、イエスが心配してくださる羊よりは、むしろ狼になる危険性、あるいは可能性を内に秘めている人たちが比較的多いのではないかと思います。というのは、誤解しないで聞いていただきたいのですが、賜物、カリスマ、つまり神から豊かな能力、タレントが与えられている方々が多いからです。そして、この与えられた賜物、能力のゆえに、皮肉にも自分のあるべき本来の姿を忘れ、誇り高ぶり、自らを欺く危険も多くなるからです。

先ほど読んでいただいたコリントの信徒への手紙一の一三章は、皆さんもご存じの「愛」についての美しい詩として愛されている箇所で、結婚式でもよく朗読されます。しかし、この手紙の文脈における意味は、大変明確です。すなわち、ここでは、「愛」ということが抽象的に歌われているのではなく、神から一人一人に与えられている賜物、カリスマとの関連で展開されています。

実は、この手紙の宛先であるコリントの教会では、一人一人に与えられているカリスマについての激しい比べ合い、醜い競争が始まりました。

誰が他の人より知恵に優れているか。誰がより霊的で、神に近く、指導的立場を占めるか。そして、その印であり証拠である霊的な神からの賜物の所有を、競い合うように求めました。

一二章八節以下に、その典型的ないくつかが並べられています。「知恵の言葉」、「知識の言葉」、「信仰」、「いやす力」、「奇跡を行う力」、「預言」、人間の言葉ではない天の言葉を恍惚状態で語る「異言」などです。このような特殊な霊的賜物、カリスマは、わたしたちにとってあまり馴染みのあるものではありませんが、コリントの人々にとっては、自分の優位性を表わす大切な印であり、証拠であったのでしょう。

自分の所有する賜物、知恵、力、能力によって、自分の存在価値が決定される、自分が他人より優れており大切な人間であることが証明されると考えている点は、現代に生きるわたしたちの問題に深く共通するところがあります。能力にしろ、物質にしろ、わたしたちがどれほど多くを所有しているかということに執着し、右往左往する。逆に、ほとんど何も持っていないと見えると、あたかも存在する価値もないように疎外されてしまう。そういう世界でわたしたちは勝ち抜くように訓練され、そのように生きてきたのではないでしょうか。

コリントの人々は、少しでもより優れた賜物を、一つでも多くほしいと、求めて止まなかったのです。

ところが、使徒パウロは、このような考え方、生き方を激しく否定します。

そして第一に、神に対する愛、そして神が御子イエスを代価としてまでも、憐れまれ、慈しみの対象とされた人間の存在に対する愛がなければ、他のいかなるものも根本的な意味を失ってしまうことを指摘します。

「愛がなければ」、コリントの人たちがあれほど熱心にほしがっている霊の賜物の「異言」も、「預言する賜物」も、「神秘」も「知識」も、「山を動かすほどの完全な信仰」も、無意味である、nothingだ、と語ります。最も大切であると思われる賜物を最大限に所有しているように見えても、愛がなければ無意味になってしまう。いや、より崇高な精神的誉れと賞賛の対象となるような、一見「愛」の行為と考えられるような自己犠牲的なことを行っても、もしそこに本当に「愛がなければ」、それも無意味だ、nothingだと言います。持っているものの全部を貧しい人たちに分け与えるような施しをしても、自分の命までも犠牲にしても、無意味です。

いや、消極的に意味を失うだけでなく、逆に、しばしば恐ろしい破壊的な意味を持つことさえあります。コリントの教会の中でも、まさにこれらの賜物を振りかざすことによって、共同体の危機がもたらされました。

第二に、では、賜物を真に生かし、意味あるものにするのに絶対的に必要な「愛」とは、どのような特徴を持ったものなのでしょうか。

それが、四節から七節に具体的に示されています。ここでパウロが「愛」というとき、それは漠然とした一般的なことでも、淡いロマンチックな感情のことでもありません。実に、キリストの十字架において最も明らかになった、神の、人間に対する愛が、わたしたち人間の間で具体化されていくべき事実を指しています。まず、愛の特徴は、長く苦しみに耐える、つまり忍耐強いこと、そして積極的に親切なことです。神は、神に反逆する人間を長く忍耐して、それでも人格的な交わりを回復しようと手を常に差し伸べられた。それと同じ事柄です。

愛の特徴は、交わりを断たない必死の努力をする点にあります。

次に、否定的な表現で愛の特徴が述べられます。

愛はねたまない、また自慢したり、高ぶったりしない。これは、一見どんなに見劣りのする部分も、また逆にどんなに重要に思われる部分も、すべてが、それぞれ掛け替えのない部分として全体の一つの体を作っているという一二章の比喩で教えられていることです。

わたしたちは、たとえどのような立派な存在に見えても、あるいは小さくみすぼらしく見えても、お互いを必要とする掛け替えのない存在として全体の交わりを形成しています。しかし、そのような人々との交わりを成り立たせるキリストとの交わりから目がそれ、自分だけにこだわり、自分と他人とを比べ始めると、自分なんか必要ないという自己卑下や、その逆の、お前など必要ない、わたしだけで十分だという自慢、高慢が心を支配するようになります。けれども、愛の特徴は、自分の存在の尊さも、またその逆の限界をも見失うことなく、ありのままの自分に耐え、受け入れ、自分と仲良くする勇気です。それが可能なのは、ただ、神ご自身が、弱き者を最も麗しく飾ってくださり、存在価値を与えてくださるからです。

さらに、愛は、具体的な現実生活の中で、他者の人格を忘れないデリケートな配慮を特徴としきます。ときには、自分の当然の権利も他者のために放棄する、また人の悪を、忘れてなるものかと記憶しないで、むしろ許すという特徴をもっています。

また、強い倫理的方向性を特徴としています。ですから、不義に対しては、それがどれほど成功しているように見えても、その喜びや満足を分かち合い是認することはしない。それとは対照的に、真理と共に喜びを分かち合うのが、愛です。

そしてこの愛は、七節で強調されているように、わたしたちの直面する現実の辛い、困難な、また誘惑に満ちた状況のすべてにおいて働く、現実的な愛です。簡単に諦めも放棄もしないで、我慢する愛、そしていかなる環境においても神の恵みこそ、終局的現実であることを信じ、希望を持ち続けて生きる、その姿勢において具体化される愛です。

さて、これらの愛の特徴は、すべてイエス・キリストの十字架の受難によって結晶している神のわたしたち人間への愛に基づいたものであり、その神の愛に対する人の応答としての愛にほかならないことが明らかです。

わたしたちは、しばしば、人々が所有する賜物や能力自体を愛しますが、存在そのものには無関心です。わたしたちは、成功や繁栄に騙されて、不義の喜びを共にしてしまう誘惑に出会います。

それぞれの存在の掛け替えのない価値を認め合い、尊ぶ。そして、我慢し、許し、お互いに人間としての交わりの手を差し出し続けてやめない。

わたしたちが、日常的で相対的な、平凡との絶え間ない戦いのなかで、この愛に地道に生きることこそ、わたしたちの人生を最も貴重で、努力して生きるに価値あるものとする、最もすぐれた道ではないでしょうか。

（一九八九年三月一九日　棕梠の聖日・卒業記念礼拝）

ゆるしといやし

マタイによる福音書九章一～八節

今朝は、最初に、先ほど朗読された聖書の箇所を概観することから始めたいと思います。イエスがガリラヤ湖を船でわたって、西側のガリラヤに帰ってきたとき、人々は中風の病に倒れた人を床板にのせて運んできました。イエスのところに連れて行けば、いやしてもらえると、病人の友人たちは信じていたのでしょう。

その集団の信仰を受け止めた主イエスは、中風の人に言われました。「子よ、元気を出しなさい。あなたの罪は赦される」(二節)。

「これは、なにかおかしいな」と現代のわたしたちは困惑します。わたしたちの期待するイエスであれば、「子よ、元気を出しなさい。あなたをいやしてあげます」と言ってくださるはずです。そこで、この難問をわたしが解き明かすのか、と無駄な期待をしないでください。わたしにも分かりません。しかし、自分なりにこの問題を考えてみました。病気ということを含めて、「悪」の現実をどのように自分の宗教観、世界観、人生観から受け止めるかという視点から、少し反省してみました。

遠くで、大災害、戦争、飢餓、疫病があって、多くの人々が苦しみ、命を失うことがあっても、それが対岸の火事である場合には、かわいそうに、お気の毒にと同情し、多少なりとも援助の寄付でもすれば、それ以上、自分の人生の問題にはならない。

しかし、ひとたび、それが自分たちの上にふりかかり、自分たちの愛する家族、友人の誰かが苦しみ、病み、命を失うようなことになれば、「なぜ、どうして、このような悪が、よりにもよってこのわたしたちにふりかかってくるのか。これは、理不尽だ。こんなことを許す神はいるのか、なにを神はしているのだ」と叫ぶのではないでしょうか。

このとき、自然災害も、民族や国家間の戦争も、経済的な不況も飢餓も、そして重い不治の病気も、その客観的な原因はどうであれ、恐ろしい猛威をふるう巨大な「悪」の経験として、わたしたちの人生を踏みにじり、無意味なものと化してしまいます。そのとき、神を信じてきた人であれば、いや、神について考えてみる人であれば、「なぜ、どうして、こんな悪が許されていいのか。はたして神は本当にいるのか」と絶望的な問いに苦しみます。

悪の経験は、神の存在を問いただします。悪は、神がわたしたちを見捨てたのではないかとわたしたちを追いつめます。そして、悪は、わたしたちと神との親しい関係を破壊し、敵対関係へ、あるいは無関係へと腐敗させます。

ですから、当時のユダヤ教が、健康は神が与える祝福であり、逆に病気は神に対して犯したいろいろな罪のゆえに科せられた罰の一つであると考えたのは、どこまでも神の正しさと悪の現実の悲惨さとの両方を真剣に受け止めたすえの、一つの苦しい理屈であったと思います。

しかし、少なくともイエスの目から見れば、中風の人を床板にのせて、イエスのところに運んできた集団は、この病気が神から見捨てられた結果だとは考えず、むしろ神によっていやされることを信じ、期待して、イエスのところにやってきました。そのかれらの信仰をみて、イエスは言われたのです。原語を直訳しますと、「あなたのもろもろの罪は、赦されています」。

病気という悪の現実の経験にもかかわらず、主イエスへの信頼のゆえに、神との親しい関係は生きており、神との関係を破壊し、神と敵対させる罪は、赦されている。人の魂を殺す悪のとげ、悪の武器である罪はゆるされている、と主イエスは宣言されました。当時のユダヤ教の考えに反して、罪のゆるしを宣言するイエスの権威の根拠について、ユダヤ人の学者たちとイエスとの間で起きた論争については、今日は省略します。

いずれにせよ、この中風の人は、仮に病気が治らなくても、悪が消滅しなくても、神のうちに魂の安らぎを見出して、すべてを委ねていくことができたでしょう。このエピソードでは、幸いなことに、イエスはこの人の病気もいやしてくださいました。

さて、なぜ最初にこのように重い聖書の話をしたかと言いますと、現代宗教を研究している多くの専門家が、伝統的キリスト教のような、悪を強調し、悪あるいは罪からの救済を説く、いわゆる救済宗教は、ますます衰退し、現代人には縁遠いものになってきていると分析しているからです。現代宗教においては、キリスト教とは反対に、むしろ悪の不在、悪はない、という世界観がその顕著な特徴であると言われています。

一つの例を挙げますと、ヨーガや東洋哲学を学び、精神のいやしの実践や著述に取り組んだ新霊性運動家であるシャクティ・ガワインは、次のように言っています。「この地球についての真実とは、それが、限りなく良い、美しい、滋養に富んだ居場所だということです。唯一の『悪』は、この真理を理解しないことからくるのです。悪（無知）は影のようなものです。それ自身には何の実体もなく、ただ単に光の欠如なのです。〈中略〉自分のことを実際に、現実的に、成功し、満足し、繁栄し、満ち足りた人物であると想像できますか？　自分をとりまく善と美と豊かさに、本当に眼を開くことができますか？　誰もが繁栄できるような、幸せな、富裕な、開けた環境に変化したこの世界を想像することができますか？」（『ポジティヴ・シンキング』大野純一他訳、阿含宗総本山出版局、一九八六年、八〇頁）、そうしなさい、と言うのです。

世界が一つの価値規範によって成り立っているのではなく、多種多様な価値観があり、みな相対的であって、どれかが規範的であるということはないという理解が支配的になりました。さらに、工業生産を中心とした前期産業社会は終わり、サービス業からコンビニまで含め、職業、職種も多様化、多層化し、それなりの昇進、異動、転職などの機会も増大しました。しかも、大多数が自分は中流であると思っている社会では、もはや他の人々と連帯して戦わねばならない悪など関心事ではなくなりました。競争社会だといっても、まさに人それぞれであって、それこそ、正社員で辛い職場を我慢するより、フリーターの方が良いと考えることが現実となってきました。つまり、それぞれの個性に即して自己実現を果たすということが目標となり、その自己実現、自己表現のための競争となりました。

そこでの悪とは、私事の不幸や失意として体験される私事の悪であり、私的な試練にすぎません。したがって、悪ということを問題にすると、それは、単なる私的な不満やうらみごととしてしか、響きません。

隣人愛などというと、単に気恥ずかしいどころか、偽善的な話と聞こえてしまいます。

宗教的究極的な意味は、個々人の自己実現、自己表現という私事の領域において存在し、その向かうところは、個々人の内面的充足か、せいぜい家庭の幸福ということになります。そのために、たとえば自己自身の意識変革が中心であり、意識を高めるために、宇宙生命と直接交流するのだとか、激しい呼吸法で前世までかいま見る霊性を得るという宗教がでてきます。具体的な宗教の形としても、教団というより、書籍、情報誌、出入り自由のその場限りのワークショップによってできるネットワークの形態をとる場合が多いといわれています。

しかも、他方で、自分で宗教的究極的な意味を読み取っていく個人的自由は、あまりに負担が大きく、皮肉なことに、結局は、過激なカルト集団の教祖に盲目的に従っていく、あるいはマスメディアに追従するだけの「孤独な群衆」になってしまう。

多元的な相対主義どころか、画一化された判断しかできず、自由を放棄してしまう人々もでてきた現代社会において、多くの人々は病んで疲れています。よく「いやし系」という表現を耳にしますが、いやし系音楽、いやし系の人、アロマ・セラピーのように香りによるいやし、など、わたしたちも恩恵を被っているかもしれません。それ自体は結構なことで、いかなる問題もないと思います。しかし、全体として現代社会における宗教といやしの動きを見ると、宗教そのものが、まさに現代病の症状を呈しているように思えてならないのです。

現代社会が問いかけている問題にわたしたちは謙虚に耳を傾け、自ら反省し、必要であれば改革しつづけなければなりません。

わたしたちは、私事に還元してしまうことなど到底できない社会の悪と人間の罪の問題を直視したい。そして、なによりも、悪の武器である罪の力を取り去るために、十字架の死にいたる理屈に合わない苦しみを自らに背負われた主イエスを信じる、贖罪と救済の信仰の大切さを共に再確認したいと思います。

現代という時代ほど、私的化する宗教観、人間観、あるいは世界観を乗り越えて、むしろ共々に人間社会の悪の問題に取り組み、罪の赦しを得て、互いを赦しあい、互いを支え合って生きることが、そして神の御国が来ますようにと祈ることが必要な時代はないのではないでしょうか。

（二〇〇三年五月一八日　聖日礼拝）

クリスマスの困惑

マタイによる福音書一章一八～二一節

あらためて言うまでもなく、クリスマスは、神の御子イエス・キリストの御降誕を祝う最も喜ばしい時です。人々が、愛と平和と希望に満たされる時です。わたしたちも、お互いにメリークリスマス！　と挨拶しあって喜びを分かち合いたい気持ちで教会に集っています。

しかし、どうでしょうか。わたしたちが生活している現代の社会は、愛、平和、希望とは対照的に、敵対的な憎悪、戦争、不安、とまどいが暗い影を落としています。二〇〇三年のクリスマスは、まさに不安の中で迎えるクリスマスと言っても過言ではないでしょう。

実は、聖書におけるクリスマス物語も、御子イエスの誕生が、喜びの中で迎えられたのではなく、とんでもない不安と困惑の中で受け止められたことを語っています。御子イエスの御降誕はもちろんのこと、いかなる事情があっても、どのような子であっても、新しい子、赤ちゃんの誕生が喜びと幸せの一大出来事でありますし、そうあるべきであります。ところが、御子イエスの誕生は、そうではありませんでした。

今朝は、特にイエスの誕生をめぐって、不安と困惑に圧倒されながらも、全く正反対の人生へと突き進んだ二人の姿に注目してみたいと願っています。その一人が先ほどの聖書の箇所で登場したヨセフです。もう一人は、マタイによる福音書二章に出てくるヘロデ王です。最初にヘロデ王のことを見てみましょう。

ヘロデは、ユダヤに新しい王が誕生したしるしである星を見たから、その新しい王を拝むためにユダヤにやってきたという東方の占星術師たちのことを耳にして、大きな不安に襲われました。

当然といえば、その通りです。王としての権力を脅かすことは、何一つとして許容することができなかったからです。すでに、王が死んだあとには、自分が王位につこうとして、自分の子どもですら互いに陰謀を企むような状態にあったのです。ヘロデ王は、自分の愛する妻の弟をも殺し、嫉妬のあまり妻をも殺した人物です。人があこがれるすべてをもっているようで、実は、自分の欲すること以外に何一つもたないヘロデは、新しい王イエスの誕生を耳にした時、恐ろしい不安と怒りに支配されてベツレヘムとその近郊の二歳以下の幼児を虐殺したと語られています。

しかし、ヘロデ王は別にしても、ユダヤの人々はどうだったのでしょうか。

長い苦難に満ちた歴史を歩んできたユダヤの人々は、解放者、救世主の到来を待ち望んでいたのではなかったのでしょうか。ところが、イエスの誕生のことを東方の博士たちから聞いたときのことをマタイによる福音書二章三節は、こう述べています。「これを聞いて、ヘロデ王は不安を抱いた。エルサレムの人々も皆、同様であった」。

ヘロデ王が嫌いであった、そして解放者が現れることを待ち望んでいたはずの人々が、むしろヘロデと同様に不安を感じた、というのです。

一六世紀の宗教改革者ルターがクリスマス説教集の中で説明しているように、ヘロデやローマに逆らうと、どんな悲惨なことになるか、「新しい王が出た」ということになれば、ヘロデもローマも流血に訴えても、これを葬り去ることを知っていた。神よりも、人間の権力、武器を信用して身の振り方を考えるようになっていたのかもしれません（『クリスマス・ブック』ペイントン編、中村妙子訳、新教出版社、一九五八年、九三頁）。これは、なにも二千年前のユダヤにおける人間の姿に限られたことではないと思います。まさにわたしたち人間の姿を代表していると思えてならないのです。

一二月三日付の朝日新聞にイギリスの民間研究機関であるオックスフォード・リサーチ・インターナショナルがイラクのバグダッド大学の協力を得て、一〇月から一一月にかけ、三、二四四のイラク人世帯を訪問し、直接聞き取った調査結果が記事になっていました。それによると、米国が率いる占領軍に対しては、七九％、約八割が、これを「信用しない」と答えています。占領軍を頼りにしていると答えたのは八％のみです。それに対して、七〇％もの人々は「イスラム宗教指導者を信頼している」と答えています。

ところが、興味深いことに、それなら、おもに宗教指導者で構成される政府の樹立を求めているという人々は、なんと一二％、一割少々にとどまっています。今後一年以内にイスラム国家を実現したいと考えている人は一％以下にすぎませんでした。

それでは、なにが望ましい政治体制かというと、九〇％の人々が「民主主義」と答えています。半数近くの人々が過去一年で最もうれしかった出来事は、「フセイン政権の追放」と答えており、逆に最悪のこととして、三分の一の人々が「イラク戦争」だと回答しています。

宗教的には、圧倒的な人々がイスラム宗教指導者を信頼しており、米国指導の占領軍に不信感を抱いていながら、具体的生活としては、フセイン政権でもイスラム国家でもなく、戦争のない、民主主義体制を望んでいるというわけです。もちろん、この調査の公平さも、信頼度も知るよしはありませんが、詳細は別にしても、イラクの人々の素朴な気持ちが理解できる感じがいたします。

これらイラクの人々の気持ちも、社会一般の人々の気持ちも、そして聖書のクリスマス物語に登場するエルサレムの人々の気持ちも、同じように思われるのです。素朴でありながらも、目の前の自分の生活がどうなるかという一点を思い煩い、不安と不信に満ちた人間の姿が、ここにあります。救い主の誕生を感謝と喜びをもって受け止めることはできません。

それでは、ヨセフはどうだったのでしょうか。婚約者のマリアとまだ実際の夫婦となる以前に、ヨセフに覚えがないのに、マリアが身重になった。そのことを知ったとき、ヨセフは愕然とし、底しれぬ不安と困惑に襲われたにちがいありません。

一九節によれば、ヨセフは「正しい人であった」と指摘されています。婚約者が他の男と不倫関係になり、妊娠した。これは単に社会のスキャンダルであるだけでなく、神の前に重罪であり、石打ちによって殺されるべき罪です。いや、宗教の教えや、世間体がどうであれ、マリアと夫婦として一生共に生きていくことを喜んでいたヨセフであり、しかも「正しい人」ということですから、このことを赦すことも曖昧にすることもできなかったのは誰でもないヨセフ自身であったはずです。

人は、自分の正義を主張してやまない存在です。ブッシュ大統領の正義もあれば、オサマ・ビン・ラディンの正義もある。人の数だけ正義があります。子どもが親に従わないといって虐待するようなとんでもない正義もある。悲しいことに、勝手な正義感が人を無反省にし、自分を見えなくする。自分が正しいと考える人が、他の人の心を切り捨てる、その傷ほど癒されがたい傷はない。

正しい人ヨセフは、しかし、独善的な正義を振りかざすことを慎み、最大の憐れみと忍耐をもって、ぎりぎりの決断をします。不義を犯した女として公衆の前で屈辱と命の危険にさらすことを避け、個人的な問題があっただけだと、婚約を解消し、人々の目の届かないところへそっと去らせようと決断しました。しかし、それで問題の本当の解決になるのか、それがうまく実行できるのか、ヨセフの不安と困惑はいかばかりであったでしょうか。御子イエスの到来の出来事はヨセフを出口のない闇の中へ追い込んだのです。

そのとき、聖書はヨセフに神の使いが夢の中で現れこう告げたと語ります。「恐れず妻マリアを迎え入れなさい。マリアの胎の子は聖霊によって宿ったのである。マリアは男の子を産む。その子をイエスと名付けなさい。この子は自分の民を罪から救うからである」（一・二〇～二一）。

この神の声を聞いたヨセフは、彼が考えた最善の道、すなわち、マリアとやがて生まれてくるイエスを捨てるという、彼の考え得るぎりぎりの正義を翻しました。自分の正しさでは、計りしることのできない神に全信頼を寄せる道を選びました。人を切り捨てる正しさより、神と共にいる、いや、神がイエス・キリストにおいて人と共にいてくださる、「インマヌエル」の道を選びました。自分の正しさを立てることに汲々とする人生に決別します。おそらく周囲も、そういう人間とつきあうことに疲れ果てるでしょう。

こうして、ヨセフは、不安と困惑を乗り越え、人生観が変えられ、救い主、神の御子イエス・キリストの到来の出来事の栄誉に与り、喜びに満ちてイエスの誕生を迎えることになります。

多くの不安といきづまりの中で、世界はクリスマスを迎えました。最初のクリスマスと状況は変わっていません。

わたしたちは、自分の目の前の生活だけに思い煩い、その不安の中で主イエスを心から抹殺してしまう道を歩むのでしょうか。

それとも、ヨセフのように、困惑しつつも、神のなさることを信頼して、人を受け入れ、困難を引き受け、主イエス・キリストによってもたらされた神の人に対する計りしれない愛と平和と希望の証言者となるのでしょうか。

このクリスマス聖日、人間の不安と思惑のうずまく危険な世界に、あえて、まったく無力で小さな赤子として救い主を与えることをされた神の御思いに触れ、感謝と喜びをもってクリスマスを祝いましょう。

（二〇〇三年一二月二一日　聖日礼拝）

神われらと共にいますや

マタイによる福音書一章一八～二五節

本日は、待降節第三聖日で、来週はいよいよクリスマス聖日となります。神の御子、イエス・キリストの御降誕を祝うクリスマスが、今や、非キリスト教国である日本社会でさえ、何の違和感もなく一般的に受け入れられるようになりました。これは考えてみれば、驚くべきことです。しかし世俗化され、商業化された形でクリスマスが盛んになればなるほど、クリスマスとは本来いかなる出来事であり、何を喜び祝う日であるのかという問いが大事になってきます。

今朝の週報にマタイによる福音書一章二三節の言葉、つまり、旧約聖書のイザヤ書七章一四節からの引用を載せておきました。「『見よ、おとめが身ごもって男の子を産む。その名はインマヌエルと呼ばれる』。この名は、『神は我々と共におられる』という意味である」。

もしクリスマスとは、イマヌー・エル「神がわたしたちと共にいてくださる」という約束の成就を喜び祝うことであるとするならば、クリスマスを迎えるにあたって、わたしども一人一人に問われている質問はこのことです。「神われらと共にいます」（口語訳）と本当に喜びを感じつつ告白することができますか。

いやそれ以前に、第一、自分の人生に神が介入してくださり、自分と共にいてくださることを心から切望しているのでしょうか。

さらには、この聖句では、「神われと共にいます」という個人的次元を越えて「神われらと共にいます」と言われています。この人間社会のありのままの現実を見つめながら、いったい神はわれら人間社会に共にいますと言えるのでしょうか。

飢えと乾きに苦しみつつ死ぬために生まれてきたような子どもたちにあふれている国々の状況から、バーで酒を飲みながらクリスマス・キャロルを聞いてクリスマスを過ごすことになんの矛盾も感じない状況、そして、神とか宗教とか言うことは全く愚かな、非現代的、非科学的なごまかしごとであって、われわれ人間だけですべてのことについて何とかやっていくことができるとする現代社会に至るまで、社会の様相は、むしろ「神不在」の印を帯びているのではないのでしょうか。

わたしたち現代人は、この「神不在」の印を毎日毎日、いやがおうにも見せつけられ、神なき人間社会こそ実体的現実として実感するようになり、それに対して神の真実ということについては、本当に実感としてとらえることができなくなってしまっているのです。人生の虚しさ、悲しさ、その虚構に気づき、神を求めながらもどうしても「神われらと共にいます」という現実感をもつことができないというジレンマに苦しみ、絶対者、超越者を持たない現代人の相対感から逃れることのできない人々のなんと多いことでしょう。

そこで、皆様と一緒に、「神われらと共にいます――インマヌエル」ということの意味を、マタイによる福音書の御言葉から考えてみたいのです。

今朝朗読されました聖書の箇所、マタイによる福音書一章一八～二五節は、皆様も良くご存じのイエス・キリストの誕生物語の一部です。いわゆるイエス・キリストが、処女マリアより生まれるという処女降誕の話であり、そのクライマックスとしてイザヤ書七章一四節、「見よ、おとめが身ごもって男の子を産む。その名はインマヌエルと呼ばれる」という句が引用されています。

わたしは新約聖書を初めて読んだとき以来、いつも感じていることがあります。それは、このマタイによる福音書一章一八節の「イエス・キリストの誕生の次第は次のようであった」というところからマタイ伝が始まったら、ぐっと読みやすいのではないか、なぜそれを何の変哲もない退屈な名前の羅列、系図から書き始めたのかということです。

現代人の観点から、このヨセフに繋がる系図を見ていけば、落ちている名前が多くあることがわかります。一七節を見ると、一四代毎に括った三つに区分して全系図をまとめていますが、数えてみますと一二節からのバビロン捕囚以後は十三代しか言及されていません。その上、一章一節でイエス・キリストの系図と言いながら、肝心かなめの最後のところで、この系図はイエスにつながっていないのです。一六節で十三代までつながっているわけですが、そこからヨセフはイエスの父とも、あるいは、ヨセフはマリアによるイエスの父とも言われていません。妻マリアが聖霊によってイエスを産んだということですから、せっかくヨセフまでたどられた系図は、彼でぷっつり切れてしまうことになります。

いったい何を言おうとしてマタイはこの一章一～一七節の一見退屈で不正確な系図をイエス・キリストの誕生の次第の前に記載したのでしょうか。しかし、結論を先に申しますと、イエス・キリストの誕生の意味、「インマヌエル、神われらと共にいます」ということの真の意味は、この系図とのつながりの中で初めて明らかになります。この系図はイエス・キリストの誕生、インマヌエルの必要欠くべからざる舞台設定なのです。系図とは歴史なのです。もし、イエスは、ダビデの子孫からでる救世主キリストであるということを、単に示すのが系図の目的であれば、なにもアブラハムから始める必要はなかったはずです。

さらには、イエスの血統だけを指し示したいのであれば、二節に「ヤコブはユダとその兄弟たち」との父、また一一節に「エコンヤとその兄弟たち」との父とあるような、「兄弟たち」などに触れる必要などないのです。そして、さきにも触れましたが、結局系図はヨセフまで下ってきますが、イエスにはつながっていません。

そうではなく、この系図はイスラエルの全歴史の包括なのです。だからイスラエルの父祖、アブラハムから系図は始まるのです。また、イスラエル一二部族共同体が成立するという歴史的転換を強調するため二節に「ユダとその兄弟たち」が言及され、同じくイスラエルの誇るダビデ王朝の分解という悲惨な運命的出来事を捉えて、一一節に「エコンヤとその兄弟たち」と言及されているのです。

もし第一区分にあたる二～六節が行く先も知らないで放浪の旅に出ていったアブラハムからダビデ王朝の繁栄へと進む歴史であるならば、第二区分にあたる六節後半～一一節に描かれている歴史は、イスラエル国家の滅亡と捕囚へと向かう下降線をたどる悲惨な歴史です。

つまり夢、希望と絶望、統一、団結と分裂、崩壊、繁栄と滅亡の悲惨という歴史の時に押し流され、浮き沈みしていく不安な人間歴史の縮図そのものが書かれているに他なりません。

理想と希望に燃え、神を信じて生きる歴史があれば、他方神に背き、権力の欲望に振り回され偽りの平和にうつつを抜かし、自分の欲望達成のために兄弟をも殺害して王位を得ようとした歴史でもあるのです。

ここで特に皆さんの注意を向けていただきたいことがあります。それは三節、五節、六節における女性たちへの言及です。タマル、ラハブ、ルツそしてウリヤの妻バト・シェバのことです。ユダヤ人たちが好んでほめたたえたイスラエルの女性たち、サラやリベカやラケルの名はでてきません。むしろ、タマル、ラハブ、ルツそしてバト・シェバとは、実に汚辱にそまった女性たちです。一章三節に「ユダはタマルによってペレツとゼラ」をもうけたとあります。創世記三八章に書かれています。

ユダには三人の息子たちがいました。タマルは長男の嫁です。しかし長男との間に子どもを得る前に、彼は死にました。カナン人女性タマルにとって子どもなしでは、自分の存在さえ受け入れられない価値なきよそ者です。そこで次男であるオナンによって子どもを得るようにということになりました。しかし、そうして子を得ても、自分の子にはならない、遺産も継げないことを不服としてオナンは「兄嫁（タマル）のところに入る度に子種を地面に流した」と言われています（創三八・九）。このオナンも死にます。父ユダは三男もまた死んでしまうのではないかと恐れて、タマルに三男を与えて子どもを産ませようとはしません。タマルは悲壮な決心をしました。彼女は、寡婦の衣服を脱ぎ捨て、遊女の姿を取り、この舅との姦淫を企てて、ペレツとゼラをついに生んだのです。

皆さん、考えてみてください。自分の置かれている社会通念、価値観と個人個人の財産、資産、生活の安定への欲望、そして人間の死というどうしようもない運命のいたずらの中で、いかにその当時なりの道徳観、世界観しか持っていなかったとしても、一人間、一女性として、このタマルは自分の存在を意味づけるためにあえぎ、傷つき切り裂かれたかを。

ラハブについても同じことが言えます。いかにユダヤ人たちが、そしてまた新約聖書のヘブライ人への手紙がこのラハブをイスラエルに信仰をもって味方してくれた女性として褒めたたえたとしても、異邦人であり、遊女として生きてきたラハブの悲しい歴史は消えません。

ルツは、イスラエル人から嫌われたモアブ人でした。ダビデがバト・シェバによってその子ソロモンを得た背後には、外国人であり、ただ唯一の大切な宝であった妻バト・シェバを奪われ、自分自身は戦場の前線に送られて殺されていった男ウリヤの歴史が横たわっています。もちろんそこには権力を不当に行使してウリヤの妻を奪ったダビデ、またそうなることを心ひそかに望み、企てをしたかもしれない妻バト・シェバの野心も認めなければなりません。これらのことをまとめますと、結局この系図は、いわゆる純粋な血統によっているのでもなく、純粋なイスラエル人たちだけによっているのでもない、むしろ非イスラエル女性を含み、人間の愛憎、国家の攻防にまつわる人間の権力欲、私欲、策略の歴史、人間の罪のしみのついた歴史、終わることなく変化し続け、過ぎ去り、流れさって行く永遠性の欠如した歴史を指し示しているにほかならない。神不在の人間歴史の姿を見せつけているのです。今日のわたしどもの歴史社会と同じなのです。わたしどもの毎日味わっている人間の営みの喜び、悲しみ、愛と憎しみをこの系図の示す歴史の人々も味わったのです。

しかしだからこそ、絶対に見逃してはならないメッセージがこの福音書に示されていることに注目したいのです。

この長い系図をマタイは一七節で「こうして、全部合わせると、アブラハムからダビデまで十四代、ダビデからバビロンへの移住まで十四代、バビロンへ移されてからキリストまでが十四代である」と総括し、説明しています。なぜ、十四代以上ある名は、削り落とし、十三代しかなくても十四代と強引に定型化し、キリストにまで系図は届かないのにイエス・キリストの系図とマタイは言うのでしょうか。

この十四という数は、完全数字、聖なる数七の二倍だからです。今まで、述べてきたようなこの人間歴史、神不在に見える歴史をこのマタイによる福音書は神御自身が人間の反抗と人間の罪責にもかかわらず、その歴史を神御自身の業として神御自身の究極目標に向かって導かれる「神われらと共にいます」歴史であると主張しているのです。

なぜそんな強引な、嘘のようなことが言えるのでしょうか。

それは人類の罪が自らの上にのしかかることを良しとされた、自らが罪人たちの系譜の中に現れることを良しとされた、イエスの全生涯、全活動、そしてイエスの十字架の死の故です。

神が歴史の流れを計画的に導かれるという思想は旧約聖書に明らかです。しかし、まさにその選びの民イスラエルの歴史が始めから罪に染まって形成され、救世主キリストが罪人たちの血統、歴史、また共同体の中に出現するとは考えられないことでありました。

しかしまさに、そのことがクリスマスで起きたのです。

神は御自身の御子をこの人間世界に送られたのです。この無限に流れさる、永遠なる支えを持たない人間世界に永遠なる方、超越者、聖なる方が介入されたのです。神が人となられた、イエス・キリストの誕生の出来事によって、この愚かな人間歴史の営み、人間存在が神からの肯定を受けたのです。つまり、赦され、清められる救いの道が備えられたのです。

先週の日曜日の午後、青年会の人々と共に深川愛隣学園を訪ね、高橋怜二牧師と一緒に、貧しい生活をしておられる方々の厚生施設を訪ねました。そして七十歳を越える一人の在日韓国人のお婆さんのお話を伺いました。

一六～一七歳にして、勉強したいと思って日本にやってきたそうです。ところが勉強どころか、貧しさのどん底の生活しか、そこにはありません。結婚しても、炭鉱暮らしをしたり、韓国に送り返されたり、再度日本に戻ってきても、また帰国命令が来て、夜小さな子どもたちを連れて逃げたり、そんな生活の中で、子どもを亡くしたりする生活でした。そこで密造酒を造って売って生計を立てると、今度は手入れをされる。小さな雑貨屋をやっていたら、火事ですべてが灰になってしまい、おまけに火災保険まで、同じような仲間の人々から火を出した責任としてみな奪い取られてしまう。そのような生活を一生送ってこられたとのことです。しかし、その御夫婦は韓国にいるときから長老教会のクリスチャンで、今も教会に行っておられます。このお婆ちゃんが一言おっしゃいました。「本当に困っているんですよ。うちの子どもたちは教会に行かないんですよ」。

このお婆ちゃんはわたしたちが想像もつかないほどの悲惨な人生、生き続けることの苦しさ、悲しさをすべて体験して来ながら、自分がクリスチャンであること、神を信じて生きることの喜びを失ってはいません。神を憎んでいません。運命を呪っていません。むしろ自分の子どもたちもクリスチャンになるように祈っています。

このようなお話を聞いて、高橋牧師も、「へえ、お酒はどうやって造るんですか」、「高く売れましたか」、「いい商売になって良かったですね」、「でも手入れされるから大変ですね」という返答をしておられました。

わたしはこのお二人のやり取りの中に、一般世間の基準を越えた深い愛に根差した、お互いの存在の積極的肯定、神によって生かされている、存在あらしめられていることの確認がなされているように思いました。隣人を友とし、殺し合うのではなく生かしあっているのです。

マタイは「神われらと共にいます」という約束の成就を、イエス・キリストの誕生に見出しました。だからこそ、人間の歴史が、また、同時に神が共にいます、神の御業の歴史と信じることができたのです。神不在としか言いようのない人間歴史世界で、誰もが神によって意味あらしめられ、生かされ、存在あらしめられている者です。「神われらと共にいます」ということを人間同士の関わり合い、交わりの中で肯定し合い、生かし合い確認し合うこと。このことこそ神のみ子イエス・キリストの誕生を祝うことであります。

「神われらと共にいますや」。あなたが応えなければなりません。

（一九八五年一二月二五日）

イエスの洗礼

マルコによる福音書一章九〜一一節

現代のように情報社会が発達した社会で、何かを考える、何かを知るということ一つをとりあげてみても、数世代前の人間と現在の若い学生諸君とは、大きな違いがあるとよく言われます。ある説によれば、言語を媒介とする論理的認識を中心とする精神構造が、古い活字人間の特徴であるとすれば、テレビをはじめ、視聴覚伝達を媒介とする感覚を中心として精神活動をしているのが現代の若い人々であるということです。

ですから、「キリスト教信仰とは、はたしてなんであろうか」などという問題も、従来の論理的説明では、身にせまった答えにならないと言われてしまうかもしれません。

この点は、これからの課題としていきたいと思うのですが、しかし、幸か不幸か、キリスト教はその信仰の生き方を言語化し、形式化し、そして聖書という一種の文学的宗教的テキストを生み出し、結果的に、いわゆるテキストの宗教となりました。したがって、キリスト教信仰を自分のものにしていくためには、文学言語によるテキストの意味の世界に自分を投げ込み、いわば、聖書の世界に投げ出された者が、そこで自己を見直す、今までとは別の光で自分を知りなおすという作業が、必要不可欠なことであると言えるでしょう。

わたしは聖書学が専門ですので、多少我田引水になるかとも思いますが、特に学生諸君にお勧めしたいことは、大学生らしいかたちでキリスト教に取り組んでいただきたい、大学生らしく聖書を読んでいただきたいということです。

つまり、信仰に生きる生の営みと、その言語化としての聖書テキスト、そして、この聖書テキストが展開する意味の世界と読者である自分との関係づけをすることを、皆さんのたくましい想像力を駆使して行っていただきたいということです。

キリスト教徒は、聖霊の導きを祈り求める伝統を引き継いでいますが、聖書を読むということについて言えば、まさに、わたしたちの想像力を強め、その想像力を正当な方向へ働かせてくださいと祈り求めることです。

非常に理屈っぽい長いまえおきになってしまいましたが、今日は聖書テキストを注意深く吟味しながら、キリスト教信仰の特徴の一つを皆さんと一緒に考えてみたいと願っています。

先ほど読まれたマルコによる福音書一章九〜一一節は、イエスがバプテスマのヨハネから洗礼を受けられたことが描かれている箇所です。

テキストの字義的意味をそのまま理解すれば、二つのことが分かります。第一にイエスがバプテスマのヨハネから洗礼をヨルダン川で受けられたこと。第二にその時、聖霊が天から洗礼を受けたイエスに下り、天からの声によってイエスが神の子であることが証言されたということ。この二つです。

ですから、この字義的直解的テキスト理解を、そのまま一挙に神学的主張としてとらえると、例えばイエスがヨルダン川で受けられた洗礼は、体を水の中に入れられたのだから、わたしたちもいわゆるバプテスト教会の伝統のように「浸礼」という形で洗礼を受ける方がより聖書に近い、という洗礼の形式に関する議論にこのテキストが使用されることになります。あるいは、イエスは「人」であると同時に「神」である、というキリスト論の神学的教義の証明に使われることになるわけです。他方で、同じく字義的解釈に基づいて、だから聖書を読んでも、何かおとぎ話のようで、なかなか信じる気持ちが心にわき上がってこないという人々も多くいます。もちろん、わたしは、今論点を明らかにするために、多少事柄を大げさに、しかも単純化してお話ししています。

しかし、聖書を読むとは、もう少し複雑なのです。

第一に、いったい福音書の著者マルコは、このイエスの洗礼の出来事に関して、本気で読者であるわたしたちに必要な情報を伝えようとしているのかという疑問を避けることはできません。いったい、何のためにイエスは洗礼、バプテスマを受けられたのか。イエスのバプテスマを見ていた人々はいなかったのか。イエスの上に下った聖霊は、他の人々にも見えたのか。天からの声は他の人々にも聞こえたのか。人々の反応はどうだったのか。もし誰も見ていない、誰も気づかない出来事であったとしたら、なぜイエスの洗礼がこのように言い伝えられたのか。洗礼を受けられたときイエスは、自分がキリスト、つまり救済者であることを自覚されたのだろうか。ありとあらゆる問いを挙げることができますが、それらに解答を与えるような情報は何一つ与えられていません。

しかも、このような質問をすることが間違いだというわけではないはずです。

例えば、このマルコによる福音書のイエスの洗礼の記事をマタイによる福音書の著者は、その場でイエスの洗礼を見ていたはずの第三者の目でもって、記述しなおしています。

マルコによる福音書では天が裂けるのも、また聖霊が鳩のように下ってくるということも、誰でもないイエス自身が見たこととして書かれていますが、マタイは、一般的に「天がイエスに向かって開いた」(三・一六)と、誰の目にも見えたかのごとく客観的に記述しなおしています。同じく、「あなたはわたしの愛する子」というイエス個人に二人称で語りかけられている天の声は、マタイでは他の目撃者が報告するように三人称で「これはわたしの愛する子」と言い直していま す。

このような詳細について、これ以上ここで述べる必要はありません。要するに、マタイによる福音書と比較すると、マルコは読者に情報を提供しようとする努力をしてはいないということが、明らかになるということです。

第二に、それ以上に大きな問題が横たわっていることに注意する必要があります。そのことは、マルコの記事を書き直しているマタイによる福音書とルカによる福音書を比較してみることによって明らかになります。

それは、他でもない、罪がないはずの神の子イエスがなぜ、バプテスマのヨハネによる罪の許しの洗礼を受けなければならなかったのか。イエスの洗礼は、まさにイエスがわたしたちと同じく罪人だったことを意味するのではないか。そうであれば、イエスをキリスト、神の子と信じるキリスト教徒にとって大矛盾です。

マタイによる福音書では、現にこのことが大問題となっています。

そこで、マタイ三章一四～一五節で、イエスとバプテスマのヨハネとが、そのことを巡って会話を交わすのを描くことによって、マタイはこの問題を説明しようとしています。

そこを読んでみます。

「ところが、ヨハネは、それ（つまりイエスの洗礼）を思いとどまらせようとして言った。『わたしこそ、あなたから洗礼を受けるべきなのに、あなたが、わたしのところへ来られたのですか』。しかし、イエスはお答えになった。『今は、止めないでほしい。正しいことをすべて行うのは、我々にふさわしいことです』。そこで、ヨハネはイエスの言われるとおりにした」。

マタイは、イエスは受洗する必要はないが、しかし、人がなすべき正しいことをすべてイエス自ら行われるのは、ふさわしいことだと説明して、問題を解決しようとしているわけです。

それではルカによる福音書はどうでしょうか。

ルカ三章一節から、ヨハネの洗礼を授ける活動が述べられています。そして三章二一～二二節にイエスも洗礼を受けられた記事が載っています。

当然、話の推移からして、イエスは、バプテスマのヨハネから洗礼を受けられたと理解できます。

しかし、マタイのように、イエスの洗礼についての問題に答えを与えようとするかわりに、ルカは、その問題を曖昧に、しかし、実に巧みに避けていることがわかります。

と言うのは、イエスが洗礼を受けられる記事の前に、このバプテスマのヨハネが領主へロデに逮捕され、投獄されてしまう記事が出てくるからです。ルカ三章一八〜二〇節に、「ヨハネは、ほかにもさまざまな勧めをして、民衆に福音を告げ知らせた。ところで、領主へロデは、自分の兄弟の妻へロディアとのことについて、また、自分の行ったあらゆる悪事について、ヨハネに責められたので、ヨハネを牢に閉じ込めた。こうしてへロデは、それまでの悪事にもう一つの悪事を加えた」とあって、その後、一見、バプテスマのヨハネとは関係ないかのごとく、二一節、「民衆が皆洗礼を受け、イエスも洗礼を受けて祈っておられると」という形で書かれており、いったいイエスは誰から洗礼を受けられたのか、まったく曖昧にされています。

こうしてイエスの洗礼に関わる大問題を、ルカは避けて通っていることがわかります。補足的に述べれば、使徒言行録一三章でも、パウロがイスラエルの選びからイエスの復活までの歴史に言及して、大演説を行う記事がありますが、そこでも、ヨハネによる罪の悔い改めのバプテスマの話から一挙にイエスの十字架刑による受難の話へととんでおり、イエスの洗礼については一言も触れられていません。

つまり、キリスト、神の子であるイエスが洗礼を受けるということは、イエスが罪の赦しを必要としていたということを示唆するという大矛盾が生じる。それを福音書の著者たちは、重く感じとっていたということです。

人類の文学史上、初めて福音書という形式を創造した著者マルコが、このような初期キリスト教における大問題に鈍感であったとは考えられません。それにもかかわらず、マルコは、ヨハネのバプテスマを「罪の赦しを得させる」「悔い改めの洗礼」と明確に一章四節で定義づけ、何の言い訳も躊躇もせず、そのヨハネのバプテスマをイエスが受けたのだとしています。

第三に注目したい決定的なことがあります。それは、一一節の天からの声の内容についてです。

「あなたはわたしの愛する子、わたしの心に適う者」。

これは明らかに旧約聖書の詩編二編七節に基づいています。もちろん、詩編二編七節には「愛する」という形容詞はありませんが、ユダヤ教文献の中の「十二族長の遺言」という書物の中のレビの遺言一八章にも、待望されているメシア的祭司が現れ、天が開け、天からの声がする描写があります。そこでは、その天からの声が「アブラハムがイサクに対するように父の声がともなった」とあります。創世記二二章のギリシア語訳が「愛する子」という表現を何度も繰り返し使用していることからも、詩編二編七節が創世記二二章の表現と重なる形で、ここでの洗礼における天からの声として使用されていると思われます。

なぜ、このことにこだわって説明しているかと言いますと、実は、この詩編二編七節は、初期キリスト教においては、イエスの復活によって、キリストが神の右に即位されたということとの関係で使用されていた旧約聖書の言葉であるからです。

キリスト教信仰はイエスの復活に対する信仰から始まりました。そのイエスの復活は、キリストが天で即位することに繋がるという主張のために詩編二編七節が使われていたのです。

先ほども触れた使徒言行録一三章は、ただイエスの洗礼に言及していないだけではなく、三三節で、詩編二編七節を引用し、イエスの復活の約束の言葉であったとし、それが成就したのだと言っています。ヘブライ人への手紙一章五節、五章五節においても、詩編二編七節はイエスの復活との関係で使われています。そしてヘレニズム・ユダヤ人キリスト教共同体の信仰告白伝承をパウロが引用して使っていますローマの信徒への手紙一章四節「死者の中からの復活によって力ある神の子と定められた」という主張もこの詩編二編七節が基礎となっていると考えられています。さらに、福音書に出てきます山の上でのイエスの変貌の出来事は、復活のキリストについての伝承に由来する記事であると一般に言われていることが正しいとすれば、それも詩編二編七節が復活との関係で使われていたことを証明することになります。つまり、天からの声としてここで言及されている詩編二編七節に基づく言葉は、イエスの力と栄光に満ちた復活との関係、復活のキリストが神の右に即位するその輝かしい出来事との関係で確立し、知られ、愛されていた初期キリスト教の伝承なのだということが分かります。

その復活・即位の伝承をマルコは、よりにもよって、スキャンダラスなイエスの受洗の出来事に対する神の肯定、神のＹＥＳという形で、ここに使用したということが分かります。

以上のことをまとめると、マルコは、詩編二編七節の成就である輝かしき復活のキリスト、神の愛する一人子として神の右に即位されたキリストとは、罪のゆるしを得させる悔い改めのバプテスマを他の人間たちと同じように受ける、そのようなイエスに他ならないという、スキャンダラスな事実を、いかなる弁解もなしに読者に突きつけている。それは、マルコが読者の想像力に訴えかけて、そのようなイエスをわたしたちがどのように受け止めようとしているのか、と敢えて問いかけるためであったと言えます。

元来、イエスの復活とは、十字架上での処刑に至るような宣教活動をしたイエスに対して、神がイエスの義を立証されたことを意味しました。しかし、いわば大勢の人々にとってつまずきであった地上のイエスと、主であり神の子である救世主キリストとの間にある深い溝あるいは緊張を、崇高な聖なる神の子のイメージに解消してしまうのが、わたしたち人間の性癖です。いつしか、神は聖なる人々としていられる強い者の見方、成功を収めるものの友となってしまい、弱さや矛盾、挫折や敗北感と対極にあるかのごとく遠い存在に追いやられてしまいます。

マルコは、逆にそのような信仰の愚かさと無力さを痛感していたのでしょう。

その危機感こそがマルコをしてイエスの宣教活動に関する伝承を用いて描く、福音書という新しい文学形式を生み出させたのです。単なる解説ではなく、物語師が物語るようにわたしたちの信じあがめる復活の主、神の子キリストとは、どこまでも罪人なる人間、弱い愚かな人間と共に歩まれたイエスに他ならないことをわたしたちに訴えたかったのです。そのために、イエスの洗礼の出来事を、このような形で描いたとわたしは受け止めます。

スキャンダラスなイエスの受洗の姿にわたしたちは神の意志を認めなければなりません。神の肯定は、そのイエスに実現されているからです。

キリスト教信仰は、この神の人間に対する愛とあわれみに基づく逆説や矛盾をイエスのうちに見出して、初めて、わたしたちのものとなります。また、他の人々や社会、国々の苦しみや悲しみ、また矛盾を共有していくことによってこのイエスの生命に与っている者にふさわしい信仰の生き方ができると言えましょう。現代の社会を考える時、このことは、わたしたちの生き方を考える上で大きな意味を持っているのではないでしょうか。

（一九八三年一〇月一八日　聖日礼拝）

右の手のすることを左の手に知らせるな

マタイによる福音書六章一～四節

「右の手のすることを左の手に知らせてはならない」。これは主イエスの有名な言葉の一つです。ごく最近、いつも礼拝を共にしてくださっている寺澤芳雄氏（二〇一六年九月二九日ご逝去）が研究社から二〇一〇年に『名句で読む英語聖書』という著書を出版されましたが、そこでの聖書の名句約二五〇編の中にも紹介されています。

右の手のしていることを左の手に知らせるな。

これは、キリスト者にとって、そしておそらく人間誰にとっても大切な教えです。マタイによる福音書に描かれたイエスは、キリストの教えを否定し、キリスト教信徒を追放しようとしたユダヤ教社会の指導者たちを「偽善者」、つまり、善人の役どころを演じているだけで、本心は別のところにある人にすぎない、と厳しく批判します。

しかし、ユダヤ教指導者を厳しく非難するだけでなく、むしろそれ以上に、キリスト者に向けて、どうしたらよいのか戸惑ってしまうような過大な要求を突きつけられました。「言っておくが、あなたがたの義が律法学者やファリサイ派の人々の義にまさっていなければ、あなたがたは決して天の国に入ることができない」（マタ五・二〇）。ここで言われている「義」は、神が人に期待しておられる正しい善なる行動や姿勢を意味しています。ユダヤ人の宗教的指導者たちよりもまさった正しい善なる行動、姿勢がなければ、キリスト者が「天の国に入ることができない」。

旧約聖書の申命記一五章七節以下にこうあります。「あなたの神、主が与えられる土地で、どこかの町に貧しい同胞が一人でもいるならば、その貧しい同胞に対して心をかたくなにせず、手を閉ざすことなく、彼に手を大きく開いて、必要とするものを十分に貸し与えなさい」、「与えるとき、心に未練があってはならない。このことのために、あなたの神、主はあなたの手の働きすべてを祝福してくださる」。ですから、当時のユダヤ人は、収穫が全部完了する時期に収穫を祝い、礼拝と貧しい人のための施しをしました。

ところが、イエスは言われました。施しをするときには、「偽善者たちが人からほめられようと会堂や街角でするように、自分の前でラッパを吹き鳴らしてはならない」。「見てもらおうとして、人の前で善行をしないように注意しなさい」。

主イエスは、信仰の実践が大切であることについては、少しも疑問視していません。むしろ、施しをすることは当然のこととされていると受け止めてよいでしょう。貧しい小さな者に対して行った善行は、その小さな者の苦しみを共にされるイエスに対して行ったことなのだという、あの有名なマタイによる福音書二五章のすばらしい箇所が思い起こされます。

今朝の聖書箇所のポイントは、人からの報いを受けてしまうような施し、善行は、神からの報いにはつながらない。むしろ、神の報いを求めよ、という一点にあります。

確かに、他の人々からの賞賛を得ることに施しという善行の動機や目標があって、助けを必要としている相手や状況が自己の賞賛のための手段になってしまうような本末転倒の姿をしばしば見かけます。大問題です。

実は、わたしは、それでも助けの手を閉ざすより良い場合が多いのではないかと考えることもあります。イエスは、そのようなことを行う人を偽善者と非難して、とうてい奨励すべき態度ではないと語っていますが、その施し自体を悪だと非難されてはいません。

ただし、ひとつ明白なことがあります。イエスは言われました。「はっきりあなたがたに言っておく。かれらは既に報いを受けている」。善行を行い、その報いも受け、完結している。神なしで完結した世俗的で現世の事柄以上の意味をもたない。そして、多くの場合、残念ながら、そこにはまた新たな施す者と施される者の間での人間の泥沼の問題が広がる可能性が大きいということです。キリストの教会には、ふさわしくない姿勢だと言わざるを得ません。

主イエスは、さらに厳しいことを命じられました。「施しをするときは、右の手のすることを左の手に知らせてはならない。あなたの施しを人目につかせないためである」（三、四節）。

ある説教者は、この箇所についてこう指摘しています。「なにもクリスチャンでなくても、慎み深い人や恥ずかしがり屋の人は、自分の施しや善行を相手に知られないように気を配る」。実際にそうです。うれしいことに、この社会でもまだまだあしながおじさん、匿名の良い人はたくさんおられます。

しかし、配慮に満ちた慎み深い善意で行われた善行や施しも、自分の願ったように受け取られなかったり、期待した反応が認められなかったりすると、怒りを人にぶちまけ、自分の善行を人に訴えることになる場合もしばしばです。自己のこだわりから自由でいられるということは本当に困難なことです。

イエスは言われました。「施しをするときは、右の手のすることを左の手に知らせてはならない」。

誰一人として、自分の行動、ましてや、痛みを伴う犠牲をあえて払う施しを健忘症のごとく忘れてしまうことなどありえません。右の手と左の手がまったく結びつかないで、神経が切り離された状態を好ましい状態だと考えることはできません。他の人の必要を明確に見極め、何とかして自分ができる助けの手をさしのべようとする、相手への愛にみちた目的意識は不可欠で必要なことは言うまでもありません。

そのような明確な意識と、他の人々からの評価や自分自身の思い入れや自己満足へのこだわりの意識とは、同じ意識であっても、全く正反対のもので、性質がちがいます。主イエスが命じておられることは、人間からの報いに囚われた施しであってはならない、ということです。

主イエスの言葉に注目しましょう。「隠れたことを見ておられる父（なる神）が、あなたに報いてくださる」（四節）。これがすべての問題の答えです。「隠れたことを見ておられる父が、あなたに報いてくださる」。

報いを求めずに、人を愛さなければならない。報いではなく、善それ自体のために善を行うべきだと言われることがあります。無私無欲の善行です。確かに、他の人の評価、あるいは自分の満足、人間からの報いを求めないということであれば、そうでしょう。しかし、「報い」ということ自体は、この聖書の箇所で否定されていないどころか、むしろ神からの恵みとして約束されています。人の生き方として、最も大切なことは、神が必ず報いてくださるという約束に生きることです。

わたしたち人間は、たとえそれが、いかなる小さな営みであっても、それがまったく意義のないことであれば、価値のないことであれば、それに生きることはできません。逆に、常に混迷を極める世間の評価を得られることがなくても、神が意味ある、価値あると認めてくださること、神が喜んでくださるということであれば、人生は報われます。人生の一歩一歩に永遠の意義を見出すことができます。それが、隠れたことを見ておられる神の報いに他なりません。

罪人にすぎないわたしたちが、一人子イエス・キリストを犠牲にして差し出されるほどに神に愛されている。わたしたちも、神の愛にお応えしようと生きている。そのわたしたちの間違いだらけの、失敗だらけの小さな人生の営みを、神が見ていてくださる。いつも近くに寄り添って共にいてくださる。わたしたちが、隣人をなんとか少しでも手助けできないか、やれることはないかと心を尽くし、行動していくことを喜んでくださる。

これが、主イエスが教えてくださり、確実な約束としてくださった神の報いの望みです。隠れたことを見ていてくださる神からの報いの約束が、わたしたちを、さまざまな自己顕示や、あるいは逆の自己満足から解放します。自由に隣人のために奉仕することが可能になります。

先ほど、先週の教会総会で選ばれ承認された教会役員会の皆さん、また、教会学校の教師の奉仕をしてくださる方々の任職式をしました。それは、教会生活の新しい一年を始めるに際して、改めて神が喜んでくださる奉仕に、役員の方はもちろんですが、わたしたち全員がそれぞれ励もうという決意を新たにするためでもあります。個人としても全体としても、信仰の実践、他の人々の助けとなることに励むことができることは、なんと幸いなことでしょう。

「施しをするときは、右の手のすることを左の手に知らせてはならない。あなたの施しを人目につかせないためである。そうすれば、隠れたことを見ておられる父が、あなたに報いてくださる」。

（二〇一〇年五月二日　聖日礼拝）

見ないで信じる者となるために

ヨハネによる福音書二〇章二四〜二九節

わたしの家庭には、小学校六年になった娘が一人います。本を読むことが好きです。といっても、コミックのくだらないものが好きです。それでも、一番夢中になって読みふけるのは、夢や空想がいっぱいあって、しかも筋書きがスリルにとんでいて、話の展開が大きなものです。特に、C・S・ルイスの『ナルニア国物語』やミヒャエル・エンデの『モモ』を初めとして彼の一連のメルヘン・ロマンが大好きです。わたしは疲れて、居間でボッとしていて、ふと見ると床に娘が置きっぱなしにした童話があるので、つい読み始め朝までわたしも読み耽って、後で困ったことがあります。

こういう作品を読むと、わたしたちが毎日生活している現代社会がどんなに精神的に貧困で、人間性に危機的な様相を呈しているかが、よく分かってきます。

限りなく多くの物、しかも精密で人間より迅速、正確に機能する高度な機械類を含む物に囲まれ、秒刻みの時間で動くように全体が組み立てられたような社会の中で、それに歩調をあわせて生きるのが当然な時代です。その中で少しでも経済的物質的に安定した自分の生活を確保するためには、本当は何よりも大切なはずの人間同士の精神的、人格的な交わりも犠牲にするより、ほかにどうしようもない、と諦めている時代です。

以上申しあげたような問題点は、誰もがよく分かっていることですが、他方、世俗的で日常現実的な世界にしっかり足をつけて生活していかなければならないのも事実なわけです。つまり、わたしたちにとって、毎日の世俗的日常生活の現実感覚と霊的精神的世界の現実感覚との間には、激しい対立、あるいは緊張があります。いや、この両者の激しい対立や緊張が自覚されていれば良いのですが、むしろそんな問題など全く存在していないかのごとく、圧倒的に世俗的物質的日常現実感覚にわたしたちの心が支配されてしまっているのが実際の姿でありましょう。その意味で、現代の科学技術と経済力を誇り、めまぐるしく動いている日本の社会の中の大学で、こうしてチャペルアワーの時間を持ち、神、人間、信仰の事をいろいろ瞑想することができるのは、現代社会が忘れている大切なものに目覚める貴重な恵みであると改めて思います。

　わたしたちにとって、第一に大切なことは、この現代社会の日常の現実感覚と霊的精神的世界感覚との間に存在する激しい対立、あるいは緊張を改めて深く自覚する、それに気づくということです。

　わたしはこの問題意識から、先ほど読んでいただいた聖書の「トマス」の話を少し見直してみたいと思います。

　このトマスの話は、彼の日常の現実感覚とするどく対立する復活のイエスを信ずるということとのはざまに立たされた人間の物語のように読むことができると思うからです。少し、物語のいきさつをたどってみましょう。

　イエスが十字架の死を遂げた次の最初の日曜日、弟子たちも身の危険を感じて、家のなかに集まり、戸をしっかり閉めて震えていたとき、復活したイエスがかれらに現れました。弟子たちは主を見て喜んだ、と一九節以下にあります。

　ところが、何をしていたのか、どこにいたのか、トマスはその場所にはいませんでした。

　そこで、あとからやって来たトマスにほかの弟子たちが主イエスにお目にかかったと告げます。するとトマスはこう言います。「あの方の手に釘の跡を見、この指を釘跡に入れてみなければ、また、この手をそのわき腹に入れてみなければ、わたしは決して信じない」。

ここから、この話は、「不信仰なトマス」あるいは「疑い深いトマス」の話と一般に呼ばれてきました。確かにそうなのですが、しかし、もし不信感と懐疑に満ちた、さめた、あるいはしらけたシニカルな人物を想像して、ここでの問題を終わりにしまうのであれば、それは誤解であろうと思います。

ヨハネによる福音書では、一一章一六節にトマスが登場します。マリアとマルタの兄弟であるラザロが病気で死にます。そのラザロをイエスは蘇らせるためにユダヤにもう一度行こうと言われました。そこで弟子たちは、先の大変危険な目にあった経験を思い起こし、こういいました。「ラビ、ユダヤ人たちがついこの間もあなたを石で打ち殺そうとしたのに、またそこへ行かれるのですか」(一一・八)。ところがイエスがどうしてもラザロのところに行くつもりであることが分かったとき、このトマスが仲間の弟子たちに向かって次のように大胆に呼び掛けています。「わたしたちも行って、一緒に死のうではないか」。

これがトマスです。

一四章五節においてもトマスの一途で、正直な姿がよく分かります。イエスが、自分の死の時が近づき、いよいよ弟子たちを後に、天の父なる神のところに戻っていくことを告げ、言われました。「わたしがどこへ行くのか、その道をあなたがたは知っている」。なんとかしてイエスについていきたいトマスは、直ちにイエスに正直に尋ねます。「主よ、どこへ行かれるのか、わたしたちには分かりません。どうして、その道を知ることができるでしょうか」。

トマスは、決していいかげんで不誠実な人でもないし、シニカルな懐疑論者でもありません。むしろ率直で深い情熱をもってどこまでもイエスに従って行きたいと願っている誠実な弟子だったのではないでしょうか。もし他の弟子たちがトマスに告げたように、イエスが本当に復活して、弟子たちに現れたのであれば、それこそ最も復活のイエスに会いたかった一人が、このトマスであったでしょう。

すると、トマスの問題はいったい何だったのでしょうか。それは、トマスの不誠実さや懐疑心の問題というよりは、他の弟子たちや多くの人々の問題を代表するものではないかと思われます。

ヨハネによる福音書の最大の特徴の一つは、第一章の序の初めから、福音書を通して繰り返しイエスが父なる神の一人子であることが明らかに語られていることです。物語の進展とともに明らかにされていくというのではなく、初めからあからさまにイエスこそ父なる神を啓示する一人子なる神として登場します。そして、神の子に相応しい大いなる奇跡を行います。弟子たちも他の多くの人々も、イエスの大いなる業を目の当たりに目撃します。そしてその素晴らしさに驚嘆します。

ところが、確かに人々はイエスの不思議な業に驚嘆しますが、そこからイエスが本当に何者であるのか、いかなるお方であるのかを知る真実な理解には結びつかないのです。

このことが、もう一方で対比され、強調されています。人々はイエスがなさる奇跡という個々の事実を見ることができ、不思議さに圧倒される経験をすることができても、イエスが本当にはいかなる方であるかを指し示す「しるし」としての奇跡の真の意味を認めることができませんでした。トマスは、誠実で熱心で一途なイエスの弟子でありましたが、それでもイエスのなさること、言われることが分からず、誤解を繰り返しています。まさに「事実」をこの目で見ているのに、神の意図される「真実」が見えないのです。

見ても、見えない。だのに見なければ、信じられない。トマスは、このわたしたち人間の限界を代表しているように思われます。事実、このトマスの話は、ヨハネによる福音書の途中のどこかに付随的に出てくるのではありません。それどころか、福音書の本文の最後に、すべてのクライマックスの話として出てくるのです。福音書のクライマックスが、このトマスの話であるとは、驚きです。しかし、考えてみれば、実にクライマックスに相応しいと思います。トマスは、自らの生活感覚のすべての情熱を持って、食い入るような気迫で、そこからは信じ難い霊的な現実に、はげしくぶつかっている。わたしたちの日常世界の現実感覚の歴然たる限界が、みごとに表現されているのではないでしょうか。

ところがどうでしょうか。イエスの復活の一週あとの日曜日、こんどは他の弟子たちと一緒にトマスもいるところに復活のイエスが現れました。そしてトマスがイエスにではなく、イエスの方が、トマスに向かって言われました。「あなたの指をここに当てて、わたしの手を見なさい。また、あなたの手を伸ばし、わたしのわき腹に入れなさい」。復活のイエスの方がトマスを見ておられ、知っておられました。そして一週間前にトマスが他の弟子の仲間に言った通りに、自分を確認して良い、とイエスの方がトマスに自らを提供されました。

この時、トマスがよく見、確認したことは、きっとイエスの傷あと以上に、見ても見えず、見なければ信じられないというトマス自身の限界そのものであったのではないでしょうか。そしてトマスはイエスに対して告白します。「わたしの主、わたしの神よ」。

こうしてトマスにとってはじめて最も具体的な神となったイエスに対する信仰告白が、福音書の冒頭の「言《ことば》（ロゴス）は神であった」という抽象的、一般的な言及に呼応し、この福音書の本文全体の最後を飾るクライマックスを構成しています。

このトマスに、イエスは言われました。「わたしを見たから信じたのか。見ないのに信じる人は、幸いである」。

ここで見ることと信じることがただ対立させられているとは思えません。むしろ弁証論的に関連しているように思われます。

福音書全体の目的を結びにまとめている次の三〇、三一節から明らかなように、多くのしるしをイエスが行い、それを福音書に集録したのは、まさに見て、あるいは言葉から想像して、イエスを神の子キリストと信ずるためである、と言われているとおりです。

わたしたちは、見るべきものをしっかり見つめ、確かめるべきものを確かめなければなりません。この意味で、わたしたちは皆、トマスにならなければならないのかもしれません。無関心でなく、シニカルな態度でなく、自分自身のもっている現実感覚をもって、まともに新しい霊的な世界を見、確かめようとしてぶつかっていくことが大切です。そのとき、初めて弁証論的と言いますか、逆説的な飛躍を体験するのです。つまり、神がわたしたちに近づき、わたしたちを見、わたしたちを知り、わたしたちを霊的世界に招き入れてくださるのです。

いや、むしろ、このトマスの話を自らのこととして受け止めることによって、なにもトマスになる道を選択しないで、見ないで信ずる心の柔らかい幸いな者となるようにわたしたちは挑戦されています。わたしたちの目で見、確認し、あるいは想像するところの限界がどんなに歴然たるものであるかを、ヨハネによる福音書は繰り返し示しています。そして、わたしたちの日常の世俗的現実感覚の限界に激しくぶつかることによって、逆にわたしたちが目で見えるところを遥かに越えた豊かな神の真実の世界へ飛躍する信仰の道が明らかになってくるように思われます。

トマスは、この信仰による飛躍を雄弁に語っています。目で見える事実を越えたもっと真実な現実、なによりも人間を本当に人間らしく生きることを可能にする神の愛の真実にわたしたちの心を大きく開くことが、信じるということではないでしょうか。

目で見、手で確かめることのできない精神世界がますます貧しくなっている現代の中で、「見ないで信じる」ことの幸いを深く味わい知る者になりたいと思います。

（一九八九年五月二日　チャペルアワー）

義と柔和が支配するために

マルコによる福音書一一章一〜一一節

二月一七日の「灰の水曜日」から「四旬節」、すなわちレントの期間が始まりましたが、今日からいよいよ最後の受難週に入りました。

主イエスが捕らえられ、十字架刑に処せられた最後の週です。そして来週は、勝利の復活イースターを祝う聖日になります。

福音書によれば、最後の週を迎えるためにイエスは、安息日の次の日、すなわち日曜日にエルサレムに入られました。そのとき、同じようにエルサレムにやって来ていた巡礼の群衆が、棕梠《しゅろ》の枝を道に敷いてイエスを熱狂的に迎え入れました。それが棕梠《しゅろ》の日曜日のいわれですが、今日がその棕梠の日曜日です。そこで今朝は、主イエスのエルサレム入城の出来事から、イエス・キリストによってもたらされた救いとは、どのようなものなのかを学びたいと思います。

イエスの活動は「神の国は近づいた。悔い改めよ」という神の国の到来の告知で始まりました。神の国とは、神の支配、統治を意味する表現です。ですから、あえて神の支配というとき、それは、神ならざるものが支配しているわたしたちの現実とは反対の姿を意味する言葉です。つまり、神ではなく、権力を握っている人間が弱い人を支配する。神の御心ではなく、人間の勝手な計りごとが他の人々の尊厳を踏みにじる。さらには、人間を自己破壊へと追い込む悪魔的な力が人間世界を支配する。それが、神ならざるものが支配する姿です。

それがひっくりかえされ、それとは逆の、神の支配がやって来る。それが、神の国の到来の意味です。神に反逆する異教の大国の支配にあえぎ、いったいどこに神はいらっしゃるのかと叫ばねばならないような闇と絶望が人々の心を支配していたとき、イエスは、「神の国は近づいた。悔い改めよ」と宣教し始められました。ただ、口で神の支配を語ったというのではなく、主イエスご自身のふるまいにおいて神の支配はすでに現実となり始めました。その主イエスの生涯の最も華やかなクライマックスが、このエルサレム入城です。

神なき世界の支配にあえぐ神の民イスラエル、そのイスラエルの中心の都エルサレムに神の支配をもたらすべく、いま主イエスはエルサレムに入城します。

今まで、放浪の生活の辛さに耐え忍んで頑張ってイエスに従ってきた弟子たちにとって、いよいよエルサレムを目前にしたとき、どんな心境だったのでしょうか。期待と不安が入り交じった緊張に体を震わせたでしょう。今までのあらゆる我慢が報われ、期待が現実となるその時が目の前に迫ってきました。弟子たちは、お互いの顔を見合わせ、そして主イエスの様子をうかがいました。

するとどうでしょうか。それまで弟子たちに囲まれ、おだやかに話をしながら毎日の旅をしてきたイエスが、かれらの先頭に立って決然と先を歩き始めました。マルコによる福音書一〇章三二節には、次のように書かれています。「一行がエルサレムへ上って行く途中、イエスは先頭に立って進んで行かれた。それを見て、弟子たちは驚き、従う者たちは恐れた」。イエスの命じられる指示を一つも聞き漏らすまい、すべてぬかりなく行わねば、と緊張して後に続きました。

エルサレムを見下ろすオリーブ山沿いのベトファゲに着いたとき、イエスはふたりの弟子を呼び寄せ、命令されました。村から子ロバを引いてこいと。

考えてみれば、これは無茶な命令です。知らない他人の大切なロバを連れてこいというのですから。しかし、もしこれがいよいよ革命が始まるから、そのために最高司令官が乗り物が必要だから手に入れてこいと命令したとすれば、至極当然の命令として受け止め実行に移したでしょう。実際、この棕梠の日曜日の出来事はイエスご自身が、神の支配をもたらすべく神に遣わされた王、約束のメシアであることを雄弁に告げています。

さて、おそらくロバの持ち主についてでしょうが、「何故ひとのロバを勝手に連れていくのか」と抗議する者がいたら、暴力をふるってでも奪い取ってこいとは言われていません。むしろ、「主がお入り用なのです」と答えなさいと言われています。ロバの主に対して、ロバの本当の主が、お入り用なのです、と答えなさいというのです。ロバの持ち主は、自分こそ持ち主だと思ってきたからこそ、しっかりロバを繋いでおいたはずです。当然なことです。ですから、ここでも用が済んだらすぐに持ち主に返します、と言われています。

しかしそれと同時に大切なことが教えられています。主イエスが連れてこいと言われたロバは、「まだだれも乗ったことのない子ろば」です。

旧約聖書では、人間がだれも使っていない動物の子が、神ご自身のきよい目的のために使われました。その意味で、それはまさに神に属する神のものであることが暗示されています。それを神の約束の王メシアである主イエスがお入り用だというのです。

キリスト者は、主イエス・キリストが教会のかしらであり、全被造物の主であることを告白するものです。しかしわたしたちは、「これは、わたしの大事なもの、わたしだけのために使うもの、わたしの宝」として、自分にしっかり繋いでいるものを実は心のなかにたくさん持っています。

決して失うまいとして自分に大切に繋いでいるものについて、本当の持ち主は誰か、キリストがご自由にお用いになるために喜んで解き放し、ささげる柔軟な心の備えがあるのかを問い直さなければなりません。

イエスを中心とするメシア運動について多少は聞いていて、期待を寄せていたのかもしれません。とにかく、この無名のロバの持ち主はそれを聞いて、弟子たちの申し出を許してくれました。

さて、イエスは子ロバに乗ってエルサレムに入城します。人々は、どのようにイエスを迎えたのでしょうか。エルサレムに巡礼の旅をしてきた群衆たちは、王を迎えるように自分たちの上着を道に敷き、あるいは棕梠の葉のついた枝を敷いてイエスを迎えました。そして熱狂的に叫びました。「ホサナ。主の名によって来られる方に、祝福があるように。我らの父ダビデの来るべき国に、祝福があるように。いと高きところにホサナ」。

このホサナという言葉は「どうぞ救ってください」という意味の言葉です。もちろん、ここではそれが、歓喜の声になっています。この群衆の叫びは、旧約聖書詩編一一八編からの引用です。それは、エルサレムに巡礼の旅をしてきた人々とエルサレムの市民が、交互に歌った言葉であり、また巡礼者に対する祭司の祝福の言葉ですが、ここでは明らかにイエスを、来るべき約束のメシアとして歓迎する言葉として使われています。確かに、イエスは救い主メシアです。しかし、問題はいかなるメシアであるのかと言うことです。これが、ご一緒に心を傾けたい点です。

子ロバに乗ってくるメシア的王のイメージは、実は旧約聖書のゼカリヤ書九章九節から来たものです。引用してみますと、「娘シオンよ、大いに踊れ。娘エルサレムよ、歓呼の声をあげよ。見よ、あなたの王が来る。彼は神に従い、勝利を与えられた者／高ぶることなく、ろばに乗って来る／雌ろばの子であるろばに乗って」。「神に従い、勝利を与えられた者／高ぶることなく」と訳されているところの意味は、「苦難を受けて義とされ、自分自身神によって救い出されて勝利を頂いた王、心が謙遜で神に柔順な方」という意味です。

なぜ大いなる力を持って戦い、偉大なる勝利をおさめ、いまや王位に即位する王のイメージではないのでしょうか。

それは、ゼカリヤ書の次の節から明らかです。「わたしはエフライムから戦車／エルサレムから軍馬を絶つ。戦いの弓は絶たれ／諸国の民に平和が告げられる。彼の支配は海から海へ／大河から地の果てにまで及ぶ」。この王は、戦車と軍馬、弓、即ち、軍事力、武力を用いて自分の勝利を勝ち取ることを拒否する。むしろ、徹底的に神の救いの恵みに信頼を寄せることによって、そのような武力手段から解放された自由の世界として神の支配するイスラエルを作り出す王だからです。生きていつくしみと憐れみをもって働き、わたしたち人間に関わってくださる神に信頼することのほうが、人間の計りごとより、ましてや神に反逆する手段より、はるかに力あることなのです。

実は、このゼカリヤ書の託宣の背景を作っているユダヤ世界には、諸外国を武力で支配するような軍事力などありませんでした。しかし、だからその言い訳にこんな事が言えたのだと考えるのは、間違いです。

今日のわたしたちの知っている状況を見れば明らかです。たとえ今さら軍備拡大を計ってみても、どうにもなりそうにない国ですら、それでもなんとかして、たとえ国民に犠牲を強いても軍事力拡大を計ろうとしているではありませんか。軍事力がなく、政治的危機に常に悩まされ、苦しみ続けてきた経験に反して、軍事力、武力手段に頼らない王の到来を待ち望み、それを喜ぶということは驚くべきことです。

実際、このような平和の支配は、犠牲を払うことなくして成立しません。だからこそ、この来るべき王は、王自らが義とされ、救い出されなければならないという、悲惨な苦難の道を歩む者だと言われているのです。

このゼカリヤ書の預言者的託宣を、最も深い意味で実現したお方が、主イエス・キリストです。イエスは、徹底的に父なる神に従順でした。いかなる力の手段も利用しませんでした。父なる神がイエスこそが義であることを立証し、ふりかかる苦難から助け出されるまで、十字架の苦しみと悩みを自らに引き受けられました。愛と平和によってのみ、神の御国は建設されるからです。まさにこの故に主イエスは、ロバに乗って都エルサレムに入城されました。

人々は、大歓声を上げてイエスを迎えました。弟子たちも、きっと今まで我慢し頑張ってきた甲斐があったと興奮し、多少の誇りを感じつつ、イエスの近くを歩いていたのであろうと思います。しかし、誰ひとりとして、なぜイエスが子ロバに乗ってエルサレムに入城されたのか、その真意を知るものはいませんでした。ゼカリヤ書の預言は、福音書の読者に何が起きているのかを正しく理解させるために引用され説明されているのですが、当の弟子たちは、そして多くの人々も、それを知るよしもありませんでした。

愛し誇りとする都エルサレムに来る王が、力に満ちた勝利の戦いの乗り物や馬ではなく、子ロバに乗ってくるというのは、何と恥ずかしく情けない姿でしょうか。エルサレムのユダヤ教指導者たちは眉をひそめました。歓喜の声を上げた群衆は、数日後には、「十字架につけよ、十字架につけよ」と叫ぶことになりました。

子ロバに乗ったイエスの姿が象徴した十字架の死の現実が分かったとき、弟子たちは絶望し、元のそれぞれの世界へと散って行きました。コリントの信徒への手紙一の二章八～九節の語るとおりです。「この世の支配者たちはだれ一人、この知恵を理解しませんでした。もし理解していたら、栄光の主を十字架につけはしなかったでしょう。しかし、このことは、『目が見もせず、耳が聞きもせず、人の心に思い浮かびもしなかったことを、神は御自分を愛する者たちに準備された』と書いてあるとおりです」。

救いは、武力から来るのではありません。人間のかけひきから来るのでもありません。あるいは、流行の先端をいっていると、もてはやされる意見から来るのでもありません。

文字どおりの国家的な軍事力についてはもとより、個人的にもわたしたちは、自分自身の存在の安全を計り守るためにいち早く堅固な心の砦を築き、自分の領域を守り、時にはそれを犯す危険を感じさせる他人を排斥しようとします。しかし、それもわたしたちに本当の救いと安心を与えるものではありません。

いかなるものによっても揺るがされることのない本当の平和の道、救いは、辱めや苦しみ、悩み、破れの経験という犠牲を払うことなくして実現することはありません。

しかし、そうは言ってもいったい誰がそれに耐えられるでしょうか。誰がそのような生き方を喜んで自ら行うことができるでしょうか。

救いと平和の道は、ただ、ほふられた子羊、苦しみ、悩み、受難を引き受けてくださった主イエス・キリストからのみ来ます。エルサレムに子ロバに乗って入城されたメシア、王なるイエスを心からほめたたえ、そのイエスに心を開いて徹底的に信頼するとき、ほんとうの棕梠の日曜日を迎えることができます。さらに、わたしたちも、神様に支えられて人々の平和と救いのために喜んで必要な犠牲を払う勇気と力、心のゆとりが与えられます。

（一九八八年三月二七日　棕梠の聖日）

十字架を負う

マルコによる福音書八章三一～三八節

三月一一日以来の大震災や原子力発電所事故で、多くの方々が大変危機的な状況を経験しています。またこの地域でもその影響でいろいろなことが起きています。予定されていた教会での結婚式もいくつか延期されました。また、卒業式を含め大学の暦にも変更が生じ、特別な礼拝ももたれました。同時に教会の暦では受難節、あるいは四旬節を迎えています。

今朝は、改めて受難節の悔い改めと祈りの心をもって、キリストの十字架での受難を一緒に覚えたいと願っています。今朝の聖書の箇所で、主イエスは愛弟子のペトロに激しい言葉で叱って言われました。「サタン、引き下がれ」（八・三三）。

文字通り悪魔呼ばわりです。「叱って言われた」と訳されている言葉は、マルコによる福音書では悪霊を追い払う時に、悪霊に向かって使われている言葉です（一・二五、九・二五）。自分の職も捨てて、イエスに従ってきたペトロにとって、これはあまりにも心ない過酷な叱責ではないでしょうか。「サタン、引き下がれ」。

なぜペトロは叱られたのでしょうか。それは、三一節以下で、主イエスが苦難を受け、ユダヤ当局者から捨て去られ、そして殺される、つまり十字架につけられて死ぬことになる。そして、その後よみがえることをおおっぴらに予告されたことに対して、ペトロがイエスを脇へ引き寄せて、これまた激しくいさめようとしたからです。決してあってはならないこととして、イエスの苦難と死を否定したからです。

ペトロも他の弟子たちも、すでに主イエスに従って二年以上毎日生活を共にしてきました。主イエスが教え、行おうとしておられることも、たくさんの失敗を経験しながらも、それなりに理解し、それなりに忠実に弟子として従ってきました。そして他の人たちがなんと考えようが、ペトロは、イエスこそが救世主キリストであると確信しました。二九節にあります。「イエスがお尋ねになった。『それでは、あなたがたはわたしを何者だと言うのか』。ペトロが答えた。『あなたは、メシアです』」。

イエスは、ユダヤ当局の権力にも指導者たちに対しても恐れることなく批判し、ユダヤ宗教社会の神殿儀礼にも大胆に批判的な人物。イエスは、貧しい者、社会から排除されているような人々に優しい交わりの手をさしのべ、大いなる業を行う人。そしてイエスは、なによりも、漁師である自分を一番弟子にしてくれた人。ペトロは、この人こそ、ユダヤ社会の腐敗を清め、革命をもたらし、弱い人々が人間らしく暮らせるようになるために、神が遣わしてくださった救世主、メシア・キリストに違いないと確信するに至ったのでしょう。自分の宗教観、自分の正義感、自分の魂の必要を満足させてくれる救世主は、このイエスに違いない。イエスに自分の人生の望みを託そうと決意したに違いありません。だから告白しました。「あなたこそキリストです」(口語訳)。

ところが、このペトロは、「神のことを思わず、人間のことを思っている」(三三節) と激しく叱られたのです。ペトロが代表する、あるいは象徴する信仰は人間的に過ぎず、聖書が語るキリスト教信仰ではないという意味です。どこに問題があったのでしょうか。

一つに、イエスの十字架の死を排除してしまうような性質の信仰であったところに問題があります。十字架の死を排除したいのはある意味で当然です。そうあってほしくないキリスト、すなわち、拒絶され、傷つけられ、呪われ、十字架において人間に劣る者とされたキリストに神の働きを見ることは、だれもしたくありません。

しかし、神学者ユルゲン・モルトマンの表現を借りれば、イエスの十字架の出来事こそが、キリスト教の中心であるといってまちがいないでしょう。

モルトマンは問いかけます。大義のために死んでいった人々もいる。誤解され人々の無理解によって破滅させられた人はイエス以外にもいる。神を冒瀆するものとして、同胞によって呪われた預言者もいる。十字架刑や拷問によって処刑された人々も多い。そうであるならば、いったい、なぜイエスは死ななければならないのか、そして何がイエスの死をこれらの受難の歴史から区別し、独自のものとしているのか。

モルトマンによれば、イエスの十字架の死は、イエスにとって、神に見捨てられたまま死んでいく出来事であったと言います。新約聖書は、神がイエスを死に「引き渡した」という言い方をしています。さらに、マルコによる福音書一五章三四節では、「見捨てる」という言葉が使われています。つまり、イエスの教えと行動、イエスの生き方の根拠であり続けた、いつもイエスの近くに、イエスと一緒にいてくださる父なる神がイエスを死に引き渡した、あるいは見捨てた出来事が十字架の死であったと聖書は語っています。

それは、ほかでもない。キリストは、神に敵対する人々、神なき人々、神から見捨てられた人々のためのキリストとなるために、神に見捨てられたまま死んでいく者の死を自らに引き受けることによって、どんな人も神との交わりに生きることができるようになるためです。

さらに、聖書はイエスの十字架の死は、神の無関心や沈黙の徴ではなく、神が、神を失い、神に見放された存在となっているこの世を救済する愛の行為であると語っています（ヨハネ三・一六）。そのために、神は、神に見捨てられた者として十字架で死んでいくキリストに神の存在すべてを重ねられたと言ってもよいのではないでしょうか。

四世紀の神学者であったエルサレムのキリルは大胆に語ります。「全世界を抱くために、神は十字架に自らの手を広げられた」。イエスの十字架の出来事が、キリスト教の中心なのです。

さて、弟子たちをはじめ、イエスと共にいた群衆たちに向かって主イエスは呼びかけました。「だれでもわたしについてきたいと思うなら、自分を捨て、自分の十字架を負うて、わたしに従ってきなさい」。

イエスの受難を瞑想するということは、イエスに従えという呼びかけに応えるという実践と一つになっていなければ意味がありません。このキリスト教信仰の実践には、それぞれがそれぞれの十字架を負うことが求められています。

「キリスト」の十字架を負うことは、だれにもできません。しかし、主イエスによって始められ、まだ完結していない神の国のヴィジョンに動機づけられた信仰の実践のために、「それぞれ」の十字架を負うことはできます。なぜならば、十字架のキリストに従い、キリストとの交わりに生きる中で、わたしたちは、何が本当に大切であり、何を失っても良いのか、何を恐れ、何を恐れなくて良いかが明らかにされていくからです。

自分と同類の仲間だけを抵抗なく愛する友愛（フィリアー）に限定されることなく、自分とは異質なもの、他なるものを創造的に愛する愛（アガペー）に生かされることが求められています。自らを解放して、自己束縛から自由になって、他なるものと幸福も苦難も痛みも共感できるものになることが求められています。

キリストの十字架のゆえに、わたしたちは自分も、自分と異なる他者も受け入れることができ、愛することができ、傷つくことも、苦難を受けることもできます。愛することがなければ、苦しむことも痛みを感じることもできない無感動、無関心に沈むだけです。

今回の震災との関係で、多くの人々が多くのものを失う中で、その口から「生きる」という言葉が発せられるのを幾度も耳にしました。「だれかいますか、ああ、生きていますね」「生きていますよ」という会話が交わされています。これほど言葉の原点に戻って「生きる」という言葉が使われているのを見て、大変な現状と同時に人間としての希望を感じました。

わたしたちはどうでしょうか。八章三五節以下をお読みします。

自分の命を救いたいと思う者は、それを失うが、わたしのため、また福音のために命を失う者は、それを救うのである。人は、たとえ全世界を手に入れても、自分の命を失ったら、何の得があろうか。自分の命を買い戻すのに、どんな代価を支払えようか。

（二〇一一年三月二七日）

死から命へ

マタイによる福音書二八章一～一〇節

わたしたちは、イエスというお方が、どのような生き方をされたか、それがどんなに慰めと勇気を人々に与えたか、いくらでも心を熱くして語り合うことができます。

例えそうであるとしても、もし十字架の死がイエスの物語の終わり、すべての終わりであったとすれば、それは一つの悲劇にすぎません。

聖書は十字架で死なれたイエスが、復活されたことを宣言しています。歴史を通して、多くの人々が、死から復活された主イエス・キリストを信じて、困難を克服しながらキリスト者としての生涯を全うしました。そして、今日、今、わたしたちも、主イエスの復活の出来事を祝うイースターの礼拝に与っています。

主イエス・キリストの復活は、キリスト教信仰の「かなめ」です。それはどういうことか、三つの側面からご一緒に確認したいと願っています。

最初に確認したいことは、主イエス・キリストの復活は、「人間のため」の復活、「わたしたちのため」の復活であるということです。主イエスの復活の出来事は、救いがたいわたしたち人間の窮地、苦境のどんでん返しの希望へとわたしたちを招くための出来事だからです。

先ほど朗読されたマタイによる福音書二八章には、墓に葬られたイエスを見に来た女性の一人としてマグダラのマリアが登場します。マグダラのマリアは、ルカによる福音書八章二節によれば、イエスによって七つの悪霊を追い出してもらって、病んだ心が癒やされた女性でした。それ以来、主イエスに従ってきた人物で、イエスの弟子たちに復活を知らせる「使徒たちへの使徒」の役割を果たした女性です。

マグダラのマリアが代表するように、さまざまな苦しみに死ぬばかりになっていた人々で、イエスとの出会いによって生きる喜びと希望を見出した人たちにとって、イエスの死は、頼りにする方を亡くした不安と別離の深い悲しみ以外の何ものでもなかったでしょう。

死は、愛と信頼を寄せる大切な人との交わりを奪います。ましてや、自分に迫る危険から身を守ろうとして、イエスを見捨てた弟子たちにとっては、イエスの十字架の死は、弟子たちの挫折であり、かれらの良心の死を決定的にするものでもあったにちがいありません。

ところが、神は、イエスを死人のうちから復活させられた。悲しみのうちに墓にきた女性たちに、復活の主イエス・キリストが現れ、「おはよう」と語りかけられた（二八・九）。イエスを見捨てて逃げ去った弟子たちに、逃げ去ったガリラヤで会う約束を再確認された（二八・一〇）。このように、キリストの復活は、死がもたらした後悔の念、別離の悲しみと嘆き、悔やみを、愛する者との交わりの回復、和解の平安と慰めへと変える出来事です。

先週の棕梠の主日礼拝では、過越《すぎこし》の祭りを祝うためにエルサレムに巡礼にきた多くの人々が、おとなしい、さえないロバに乗って入城する柔和でへりくだったメシアを指し示すイエスを「主の名によって来られる方」と歓声をあげて喜び迎えたことを聞きました。ところが、この人々は、そんなことなど全く嘘であったかのように、その数日後には、イエスを十字架につけよと叫ぶ、怒りと憎しみに満ちた群衆へと変わりました。

日常の生活で積もる怒りと憎しみが、必要な吟味も慎重な議論もなしで、代理の犠牲者を作り出して、そこに転嫁される。イエスの十字架の死は、そのようなわたしたち人間のやるせない愚かさを映し出しているともいえないでしょうか。

ところが、キリストはわたしたち人間の罪の犠牲となられただけでなく、復活した主として、わたしたちの告発者ではなく、反対に弁護者となり、味方として神にとりなしてくださる。使徒パウロがローマの信徒への手紙八章三四節で述べている通りです。「だれがわたしたちを罪に定めることができましょう。死んだ方、否、むしろ、復活させられた方であるキリスト・イエスが、神の右に座っていて、わたしたちのために執り成してくださるのです」。キリストの復活は、神に敵対するわたしたちに赦しと和解をもたらすことにつながる出来事です。

ところで、キリストの復活の出来事の意味を大きく展開しているのは、福音書ではなく、使徒パウロです。

使徒パウロは、「最後の敵」は死であると言います（Ⅰコリ一五・二六）。だから、一日でも長く生きられるように延命治療をしなさいという意味で死を恐れ、遠ざけようとしているのではありません。

神との交わりにあることが生きるということです。神に背を向けていることが人間にとって死の本質です。この聖書の受け止め方を、ゆっくりしっかり皆さんの心の中で咀嚼してください。罪を力としている死が、神との交わりの生からわたしたちを切り捨てる。その死を滅ぼし、わたしたちが神との生きた交わりに生き続けるために、主イエス・キリストが死人の中から復活されたことを、使徒パウロはコリントの信徒への手紙一の一五章で訴えています。

聖書は、キリストの復活が、さまざまな意味で出口のないいきづまりに、なすすべもなく立ちすくむわたしたち人間の窮地をひっくり返して、神の御前に生きる者へと造り変えてくださるための出来事であったと宣言しています。

ここで短くご一緒に確認したいことは、この主イエス・キリストの復活の出来事は、今まで言葉を重ねて見てきたように、わたしたち人間に対する神の恵みの働きという聖書のメッセージの脈絡でのみ本来の意味をなす出来事であるということです。

ですから、信仰によって受け止めることが何よりも大切です。イエスが葬られた墓を訪ねてきたマグダラのマリアも他の女性たちも、墓が空であることを見ただけです。天使が告げた主イエスの復活を信じて、大喜びして急いで弟子たちに告げようと走っていった女性たちに、はじめて復活の主イエスが現れたとあります（二八・九）。聖書のどこにも、一個人の蘇生という単なる事実について、あるいは復活の可能性あるいは復活の過程についての自然科学的な関心や詳細はありません。あくまでも神の恵みの働きが主イエス・キリストにおいて現実となったというメッセージの中で意味を発揮する出来事です。キリストの復活は、この脈絡の中で人々が出会い、経験した出来事として証言されているからです。

最後に確認したいことは、さらに大切なことです。それは、キリストの復活の出来事を、少し難しい専門用語になってしまいますが、いまだ現実となっていない、未来に到来する歴史的終末論との関係で理解することの重要性です。

ユダヤ教でも、そして新約聖書でも広く神の正義と公正は、歴史の終わりにおける神の最後の審判で解決されると期待され、信じられています。使徒パウロは、キリストの復活は未来の終末の出来事の先取り、初穂である。それはまだ、終わりの「終わり」ではないという点を明確にしています。「しかし、実際、キリストは死者の中から復活し、眠りについた人たちの初穂となられました」(Ⅰコリ一五・二〇)。言い換えれば、キリストは復活されたが、終末の未来が到来するまで、わたしたちはこの世から解放されたキリストの復活の命に与ってはいないということです。

確かにフィリピの信徒への手紙一章二三節から推測できるように、個人の視点に限っていえば、死後すぐにわたしたちはキリストと共にいられるとの確信をパウロは述べています。死さえも、わたしたちを神の愛から切り離すことはできないとローマの信徒への手紙八章三八節以下で言われている通りです。愛する者の死に臨むとき、どんなに慰めとなるでしょう。しかし、個人史を遥かに超えた世界歴史全体については、違います。まだ終末の終わりではありません。聖書の世界は、歴史の中で生き、そして完成されないまま個人的に死んでいくわたしたちという自覚に貫かれています。

先ほど洗礼式の時に読まれましたローマの信徒への手紙六章一～四節のすぐ後の五節にこうあります。「もしわたしたちが、彼に結びついてその死の様にひとしくなるなら、さらに、彼の復活の様にもひとしくなるであろう」（口語訳）。

死については、キリストの死の様にすでにひとしくなっているという現在完了形ですが、復活の命については、キリストの復活の様にもひとしくなるであろうと、意識的にしっかり未来形で語られています。同様に、八節の「もしわたしたちが、キリストと共に死んだなら、また彼と共に生きることを信じる」（口語訳）という章句で、わたしたちがキリストと共に死んだという表現は過去形で語られているのに対して、キリストと共に生きるというところは、未来形で「生きるであろう」とやはり意識的に未来形で述べられています。すなわち、わたしたちはキリストの復活の命には、まだ与ることはない、ということです。それはわたしたちが生きて死んでいくこの歴史的被造世界全体の終末が来る時、はじめて現在のこととなる。それまで、決して復活のキリストの命に与ることはありません。

これは何を意味しているのでしょうか。

それは、復活の主イエス・キリストを信じる信仰に生きるということは、熱狂的にあの世の人間のようになってしまうことではない。むしろ、まだ贖われていない、贖いと無意味さからの解放をうめき願うこの全被造世界との連帯にしっかり生きる必要性を意味しています。

そのことが最も雄弁に語られているのがローマの信徒への手紙八章です。人間の罪によって引き起こされた全被造世界の歪みや破れは回復されていない、苦しみうめいていることに、わたしたちの注意を喚起しています。

同時に、この苦しみもうめきも、もはや絶望的な破壊へ向かう恐怖の叫びではないことも強調しています。むしろ、それは、終末の初穂としてのキリストの復活が保証し指し示す歴史的宇宙的全被造世界の回復と贖いが成就される時に向かっての「産みの苦しみ」、希望に向かってのうめきです。

終末論を重要視するということは、理不尽が公正へと精算される時はまだ来ていないということを自覚し、受け止めるということです。一人の個人史の中で完結する正義も命も、まだ現実となりません。しかし、キリストの復活によって先取りされた終末の時の救いの希望のゆえに、理不尽さに苦しみ耐えながら、いまだ解決のない人生の不公平さを、そのまま背負いながら、それでもお互いに励まし合い、勇気づけあって、次の世代のために、未来の希望のゆえに、終末の完全な救いの希望につながるように、この「今」を生きる。

あらゆることが激しく変化していくこの時代です。個人としても、教会としても、主イエス・キリストの復活が先取りする全被造世界の希望を、このイースター礼拝で確認して、今の一歩を一緒に歩もうではありませんか。

（二〇一三年三月三一日　イースター聖日）

編者あとがき

焼山満里子（東京神学大学准教授）

永田竹司牧師はアメリカ合衆国ニュージャージー州プリンストン神学校で哲学博士（Ph.D）論文完成間近の時、国際基督教大学教会から招聘を受け、慌ただしく日本に帰国され、一九八〇年五月から教会牧師補佐として赴任された。半年後には新約聖書フィリピの信徒への手紙二・五〜一一のキリスト讃歌についての博士論文を完成させ、一九八一年に博士号を取得された。以来二〇一三年三月に定年退職なさるまで国際基督教大学（ＩＣＵ）および大学教会のために働かれた。ＩＣＵ教会には一九八〇年から牧師補佐、副牧師として一九八一年から一九九一年まで、主任牧師代行として一九九一年秋から一九九二年夏まで、その後中断を挟み、主任牧師として二〇〇二年から二〇一三年三月まで通算二三年間、大学では一九八〇年からＩＣＵ人文科学科で教え始められ、一九九八年から二〇〇八年は人文科学科の、二〇〇八年からはアーツ・サイエンス学科で宗教・新約聖書学教授として三三年間教鞭をとられた。同時にその間、東京神学大学でも一九八九年から二〇一三年春まで二四年間非常勤講師を勤められた。

その間に説教一覧に示した通り、ICU教会の聖日礼拝説教、大学でのチャペル・アワーのお話、他、様々な場で三〇〇に上る説教をなさった。その中から先生に大学と教会の両方で教えを受けた四名（「はじめに」参照）が中心となって説教集刊行企画を進めた。ICUにちなんで第一部ではI（国際性）、第二部ではU（大学教育）、第三部ではC（キリスト教）に関わるものを選んでいる。特に第二部はICUという大学とICU教会の関係を念頭に語られた説教が多いが、それらはこれまでICUとは直接関係のなかった方々にも学問と信仰、キリスト教学校のあり方を考えるヒントになることを願い収録した。

先生は愛知県一宮市のご出身で、高校生の時に一宮福音教会でアメリカからの宣教師ジェームズ・フレンズ牧師から洗礼を受けられ、その後、福音派の四年制神学校である東京クリスチャンカレッジで一九六六年から一九七〇年まで学ばれた。それは大学紛争たけなわの四年間でもあった。その頃のことを回想しておられる文章には次のように書いておられる。

「青年たちにとっては、既成に対する批判と抵抗が時代の雰囲気を構成していた。いつの時代でも誰でも恐らくそうなのだと思うが、若いキリスト者は自分のキリスト教信仰の正当化の根拠を模索し、信仰に生き続けることが単なる幻想や迷いではなく、たとえ自らの社会においてマイノリティーであっても、そのために生き、また死ぬ価値のあるあり方であるとの確信を得るために、格闘するものであろう。わたしは、自分自身を含め、自分の周りのキリスト教信仰のあり方に激しい不快感と不信感をもった。『本物』を求める飢え渇きを覚えた」(「宮村武夫・万年青年先生との対話の書」『宮村武夫著作5　神から人へ・人から神へ』ヨベル、二〇一〇年、三二八〜九頁)。この時の問題意識を先生は持ち続け、牧師として、学者、教師として働かれたと思う。

神学校で過ごされ「聖書が証言するイエス・キリストの福音に忠実でありたいとの願いはわたしのうちでますます強くなっていったが、そのことと、いわゆるプロテスタント保守派の福音主義教会のあり方や教条に対する自己同一化との間には深い隔たりがあるという認識も鮮明になり」(同、三三〇頁)、米国に留学され新約聖書学を学ばれた。

Gordon-Conwell Theological Seminary(ゴードン・コンウェル神学校)で M.Div.(神学修士、1971-1974)、続いて Princeton Theological Seminary で M.Th.(新約学専攻神学修士、1974-75)さらに Ph.D(哲学博士、1975-1981)を取得された。先生の博士論文はキリスト讃歌研究としてエポックメーキングな論文であった。それまでのキリスト讃歌研究は宗教史的背景から讃歌を理解しようとしていたのに対し、この論文は讃歌の文体、構造分析によってキリスト論の形成をたどり、讃歌を理解しようとするという斬新なものであった。それゆえ現在に至るまで海外の学術論文や注解書、著作において讃歌研究の主要論文として取り上げられている。例えば米国のフラー神学校で長く教鞭を取られ、キリスト讃歌研究者として知られるRalph Martinは著書*A Hymn of Christ: Philippians 2:5-11 in recent interpretation and in the setting of early Christian worship*の一九八三年改訂版でこの論文を取り上げ、詳細に論じている。また英国のエディンバラ大学神学部、元学部長、現在名誉教授のLarry Hurtadoは、この論文を最も優れたものとして引用している（*Lord Jesus Christ: Devotion to Jesus in Earliest Christianity*, Eerdmans Publishing Company, 2003）。またオーストラリアの新約学者Peter O'Brienはフィリピ書注解でこの論文と対話しつつ研究を進めている（*The Epistle to the Philippians*, Eerdmans Publishing Company, 1991）。

このような新進気鋭の新約学者であるなら、説教でギリシア語を頻繁に引用し、さぞかし難しい説教をなさると思われるかもしれない。けれども教室での厳しさとは対照的に先生の説教は、ああ、自分もこういうことを知りたかったと思う普通の、素朴な疑問を、ごまかさず、正面から取り上げ、なるほどと思わせる答えを平易に語ってくださる。それは先生御自身が人間を暖かく見守る優しさと、深い学的研鑽に由来する聖書と人間、社会への深い洞察に溢れておられるからであると思う。なにより伝統的キリスト教がどのように教えていたとしても疑問に思うことや、問題だと思うことをごまかさずに正面から取り上げることを励ましてくださり、新しい答えや可能性に常に開かれた姿勢で、学者同士の高度な議論だけでなく、いろいろな場面で生きる人々の本音を受け止め、未熟な学生との議論さえ歓迎してくださった。この姿勢こそが二〇〇〇年にわたってキリスト教を形骸化させず、常に現実の問題に答えるものとしてきた原動力であり、先生の説教はまさにそのような営みであった。

新約聖書の歴史批評的研究、たとえば史的イエス研究によって、時に教会的信仰は史的根拠がないと攻撃され、結果、教会的信仰と新約聖書学に緊張が生まれ、歴史批評的研究が警戒されることがある。けれども先生は、歴史批評的聖書へのアプローチを否定することなく、また信仰の名のもとに歴史批評的研究の成果を曖昧にすることなく、しかし学的研究を絶対化することなく、第三の道を行かれる。「イエスを救い主、神の御心を明らかにされ、実現される神の子として信じたキリスト者の信仰の証言と人生の経験」として位置づけ、学問的研究によって「多くの人に共有されるべき表現であり展開である新約聖書の教えを懐疑的否定的に受け取るべきではない」(「世界に開かれた生」)という立場から一貫して新約学を極め、説教を語られた。このような先生の説教集を引退される時に出版しようと計画しつつ、わたしたちの怠慢で三年もかかってしまった。それでもなお出版する価値があると考えたのは、直接先生から教えを受けた元学生たちが先生の説教集を手元に置き、あらためて人生の指針にしたいと願ったからばかりではない。先生に続いて新約学を探究しておられる、また広く神学の営みに携わる方々にお読みいただきたいと願った。それは先生の取られた第三の道から学ぶことがあると思ったからである。またキリスト教を従来の意味でよく知っているという方々にも先生の言葉は新鮮であると思う。先生が現代人の疑問や課題をごまかさずに正面から取り上げ、その疑問を学問的研究によって誠実にできる限りの答えを出した上でそこに示唆されている信仰的意味について真摯に語っておられるからである。例えば現代人には聖書的概念である贖罪という言葉は理解しがたいところがある。しかし教会用語として定着している故、あまり理解しないまま贖罪という言葉を使ってしまっている。先生の説教では現代人にも非常にわかりやすく次のように説明している。「愛される資格のない者のためにイエスの命を犠牲にして愛し、愛に応えられない者に許しをもって応答される神の愛こそ、不条理のきわみです。この神の愛に支えられる時、わたしたちは、不条理を叫びたてることを、ふと、やめることができるかもしれません」(「生き生きした教会生活を目指して」)。

　また信仰を持っておられない方々にも読んでいただきたいと願う。先生は信仰あるなしにかかわらず人間として求めるべき普遍的生き方を聖書から読み取っていかれるからである。先生の言葉は、私たちを世界に開かれた生へと招き続けている。「全く絶望的で何をやってみたところで無駄で無意味だとしか思えない現実に取り囲まれても、なお人間が人間として生き生きと高潔に生き続ける。本当の喜びと希望を持って、葛藤しつづけ、成長しつづけていくことができる。その可能性を与えるのが、信仰です」（「もし神がわたしたちの味方であるなら」）。

先生の説教によって、自分の状況に不平を言うことを「ふと、やめよう」と思わされ、励まされ続けた一人として、先生の説教を出版し、多くの方に読んでいただけることをこの上なく嬉しく感謝している。この企画を辛抱強く育ててくださった教文館の髙橋真人氏に感謝申し上げる。出版にここまで時間がかかってしまったことを読者の皆様に、永田先生にお詫び申し上げ、これまでのお働きに心からの感謝を申し上げたい。

永田竹司牧師説教一覧

※ CH はチャペルアワー、婦人会は ICU 教会婦人会の略
C-week はキリスト教週間の意

1980 年

5 月 8 日	キリスト者の希望の根拠	ロマ 8：28-30
7 月 13 日	新しい生きた道	ヘブ 10：19-25
8 月 10 日	喜び従え	マコ 10：46-52
8 月 17 日	和解の使者	Ⅱコリ 5：16-21
9 月 21 日	神の力による宣教	Ⅱコリ 4：7-18
10 月 21 日	Am I a Christian?（私はクリスチャンであろうか）	ルカ 5：27-32 ＊CH
11 月 23 日	すべてに感謝しなさい	Ⅰテサ 5：14-18
12 月 28 日	恵みゆえの楽観主義	ホセ 6：1-3

1981 年

2 月 1 日	愛とたまもの	Ⅰコリ 13：8-13
3 月 8 日	〈レント〉	詩 51：16-17
5 月 17 日	救いと裁き	ヨハ 3：16-21
6 月 21 日	信仰と交わり	Ⅰヨハ 3：16-21 ＊任職説教
7 月 26 日	慰めの望み	Ⅱコリ 1：3-11
8 月 16 日	心を広くしなさい	Ⅱコリ 6：11-7：4
8 月 23 日	良心からの自由	Ⅰコリ 3：18-4：5
10 月 25 日	信仰と伝道	Ⅰコリ 9：19-23
12 月 19 日	〈職員クリスマス礼拝〉	ルカ 4：18-19

1982 年

1 月 3 日	新しさを祝う	マコ 2：18-22
2 月 14 日	神の知恵と人の知恵	ロマ 11：33-36
2 月 19 日	The Position of Women in the New Testament	ガラ 3：23-29 ＊婦人会
3 月 23 日	神を喜ぶ	ロマ 5：6-11 ＊職員修閉会
4 月 11 日	キリストの復活〈イースター早天礼拝〉	Ⅰコリ 15：12-20
5 月 2 日	天国の賃金制度	マタ 20：1-16
6 月 1 日	イエスとの対話	ルカ 16：1-8 ＊CH
6 月 20 日	The Lord's Prayer	マタ 6：5-15
8 月 22 日	The Lord's Prayer 2	マタ 6：9-13（esp. 9-10）
8 月 29 日	The Lord's Prayer 3	マタ 6：9-13

9月26日	共に生きる	Ⅰコリ9：19-23
10月17日	父の子に対する訓練	ヘブ12：1-11
11月9日	失敗と恵み――自由に生きるために必要な基本	マコ14：66-72 *CH

1983年

1月11日	人間関係	Ⅰコリ12：12-26 *CH
1月16日	目標を目ざして	フィリ3：8-16
1月21日	隣人に開かれた生活	マコ12：28-34 *婦人会
2月20日	我らの兄弟イエス	ヘブ5：7-10
3月31日	愛の奉仕〈洗足木曜日〉	ヨハ13：12-20
5月15日	兄弟によって知られる神	ルカ15：11-32
6月7日	回心	ロマ7：7-13 *CH
6月19日	神にはできる	マコ10：17-27
7月24日	アルパでありオメガである神	黙1：1-8
8月21日	生きているキリスト	黙1：9-20
10月2日	初めの愛	黙2：1-7
10月18日	イエスの洗礼	マコ1：9-11
10月23日	信仰の誠実さ	黙2：8-11
11月13日	終末的信仰	黙2：12-17
12月4日	ひとり子としての栄光	ヨハ1：9-18
12月5日	平和の君	イザ9：1-7

1984年

1月1日	新年を祝う	詩81編
2月19日	信仰の堅持	黙2：18-29
3月4日	目をさましていなさい	黙3：1-6
4月15日	十字架による希望	Ⅱコリ5：13-19
4月20日	Let Us Share God's Blessings	マタ5：3-12 *婦人会
5月6日	キリストに愛される教会	黙3：7-13 *C-Week 早朝礼拝
6月3日	キリストに聞く	黙3：14-22 *CH
6月5日	神を悩ます	ルカ18：1-8 *CH
7月29日	主なる神	黙4：1-11
8月12日	ほふられた子羊	黙5：1-14
9月30日	七つの封印	黙6：1-8
10月9日	荒野の誘惑	マタ4：1-11
12月2日	待望の時	ルカ2：22-35
12月24日	〈クリスマスイブ礼拝〉	ヨハ1：14-18
12月30日	仕える喜び	マコ10：35-45

1985年

1月29日	霊と知性	Ⅰコリ14：13-19 *CH
2月24日	七つの封印2〈レント第一聖日〉	黙6：9-17

4月28日	救いは子羊からきたる	黙7：1-17
5月7日	最も小さいものと最も大きいもの	マコ4：26-32　*CH
6月23日	誠実な人格〈卒業記念礼拝〉	ガラ5：13-25
7月28日	ゆるしの共同体	マタ18：21-35
8月4日	愛のわざ〈平和聖日〉	マタ25：31-46
9月22日	七つのラッパ1	黙8：1-12
9月29日	カインの憤りと神の恵み	創4：1-16　*一宮福音教会
10月27日	自分であること	創4：1-16、Ⅰコリ10：13
11月12日	何をしてほしいのか	マコ10：46-52　*CH
12月1日	祝いの準備〈待降節第一聖日〉	マタ22：1-14
12月15日	神われらと共にいますや〈待降節第三聖日〉	マタ1：18-25
12月22日	主イエスを心にむかえよう	ガラ2：20　*ICU教会学校中高生クリスマス会
12月24日	誕生日のお祝い〈クリスマスイブ礼拝〉	ルカ2：1-7
12月29日	新しく造られることを求めて	ガラ4：12-19

1986年

1月26日	七つのラッパ2	黙8：13-9：11
2月18日	賢い人	マタ7：24-29　*CH
4月6日	自由を与えるキリスト	ヨハ8：31-36
6月1日	健全な教会	ロマ12：3-8
7月6日	主の死を告げる行為〈夏休み前聖餐式礼拝〉	マコ14：3-9
8月17日	堕落からの救い	サム下12：1-4
8月24日	神に聞こう	マラ3：13-4：3
9月28日	自分を愛すること、他人を愛すること	サム下13：1-22　*CH
11月6日	土の器の中の宝	Ⅱコリ4：7-18
12月7日	クリスマスの備え	ルカ1：46-5
12月24日	〈クリスマスイブ礼拝〉	マタ1：23

1987年

1月25日	神の家族	エフェ2：11-22
1月13日	もし神がわたしたちの味方であるなら	ロマ8：31-39　*CH
2月22日	信仰の視点	マコ4：35-41
4月13日	私のうちに生きるキリスト Christ who lives in me	ガラ2：19-21　*婦人会
4月21日	信仰の逆説	Ⅱコリ11：21b-33　*CH
5月3日	からし種一粒ほどの信仰	マタ17：14-20
6月7日	新しい霊によって生きる	ヨハ16：7-15　*三鷹教会
6月14日	信仰の継承〈子供の日、花の日〉	Ⅱテモ1：3-14
7月19日	信仰の公同性	マタ12：1-8
8月20日	愛によって働く信仰	申10：12-22、ガラ5：6
9月29日	真の自己を発見するために	フィリ3：1-12　*CH
11月1日	信仰の足跡〈永眠者記念礼拝〉	

永田竹司牧師説教一覧

12月6日	救い主なる神をたたえよ	ルカ1：46b-55

1988年

1月17日	ただこの一事を努める	フィリ3：2-16
1月22日	最もすぐれた道	Ⅰコリ13：1-13 ＊婦人会
2月28日	負いやすいくびき Rest for Your Souls	マタ11：25-30
3月27日	義と柔和が支配するために〈棕梠の聖日〉	マコ11：1-11
3月31日	〈洗足木曜日〉	ヨハ13：1-13
5月1日	自由と隷属	Ⅰコリ9：19-23
5月10日	霊は人を生かす	Ⅱコリ3：4-6 ＊CH
5月29日	福音のしもべ	Ⅰコリ9：19-23 ＊三鷹教会
6月12日	信仰の家族〈子供の日、花の日〉	マコ3：31-35
7月10日	神に対して富めるもの	ルカ12：13-21
8月28日	パンだけでなく	マタ4：1-11
10月9月	福音を伝える栄光〈神学校日〉	ロマ10：14-17
11月6日	生きるにも死ぬにも〈永眠者記念礼拝〉	フィリ1：18-26
11月15日	何がみえるか	マコ8：22-26 ＊CH
12月3日	真実を見つめる	マコ8：22-26 ＊東神大チャペル
12月4日	神を証しする愛	Ⅰヨハ4：7-12

1989年

1月8日	志しを新たに〈新年聖餐式〉	マコ10：35-45
1月29日	父なる神	ロマ8：12-16
2月26日	受けることと与えること	Ⅰヨハ3：13-24
3月19日	さらにまさる道〈卒業記念礼拝〉	Ⅰコリ13：1-13
3月23日	〈洗足木曜日〉	
4月23日	犠牲にまさる喜び	ルカ9：1-6
5月2日	見ないで信ずる者となるために	ヨハ20：24-29 ＊CH
5月26日	神との平和	ロマ5：1-11 ＊C-Week 早朝礼拝
5月28日	忠実なしもべ	マタ25：14-30 ＊教会臨時総会
7月2日	日常性からの解放	ルカ10：38-42
7月30日	福音と教会	フィリ1：3-11
10月1日	全世界に開かれた交わり	マタ22：1-14
10月29日	宣教の愚かさ	Ⅰコリ2：1-5
11月14日	一粒の麦のように	ヨハ12：20-26 ＊CH
12月10日	イエスの誕生の受けとめ方	ルカ1：26-38

1990年

1月21日	信仰の冒険	ロマ5：1-5
2月3日	希望に生きる信仰	ロマ5：1-5 ＊東神大チャペル

2月18日	いやしをなさるキリスト	ヨハ9：1-7
4月12日	〈洗足木曜日〉	マコ14：17-25
4月1日	〈新入職員礼拝〉	Ⅱコリ9：6-8
4月8日	イエスのチャレンジ〈新入生歓迎礼拝〉	マコ10：17-27
4月20日	Rejoice with Those Who Rejoice, Weep with Those Who Weep	ロマ12：3-21　*婦人会
5月2日	キリスト教は平和的共存の敵か	ロマ8：18-25　*CH
5月6日	人知を超えた神の再発見	ロマ11：33-36
6月10日	闇の中に輝く光	Ⅰヨハ2：7-11
7月1日	自由の民	ガラ5：1-15
8月12日	地域教会と世界宣教	コロ1：3-8
8月26日	心の傷とイエスの救い	ルカ19：1-10
9月9日	イエスの供食の奇跡	マコ6：30-44
9月16日	信仰と自由	*仙川教会
9月30日	神の民であり続けるために	マタ6：25-34
11月18日	地上では旅人でいよう	ヘブ11：8-16
12月16日	主の道を備えよ	ヨハ1：19-23
12月24日	〈クリスマスイブ礼拝〉	ヨハ1：9, 14
12月30日	思い起こして感謝しよう	Ⅰテサ1：2-10

1991年

1月9日	新しいビジョン	ルカ6：20-21　*CH
1月27日	神の愛の力に生きる	ヨハ15：12-17
2月17日	死からみた生	ヘブ2：5-18
3月17日	Into the Likeness of Christ	詩8：4-9、ヘブ4：14-16 *Silliman University Church
4月7日	小さな始まり〈新入生歓迎礼拝〉	マコ4：3-8, 26-32
5月29日	合理化を拒むイエス	ヨハ9：1-5　*CH
6月6日		ヨハ9：1-5 *東神大チャペル
6月9日	信仰と財産	ルカ19：1-10
8月4日	内なる平和	ロマ5：1-5
9月1日	土の器と神の力	Ⅱコリ4：7-15
10月6日	聖餐の祝福	Ⅰコリ11：17-22
10月27日	大学と教会——最も大事ないましめ	マコ12：28-34 *教会修養会
11月10日	心の傷を癒す愛	ルカ19：1-10　*羽島伝道所集会
11月10日	真に必要な人となるために	マタ6：25-34　*一宮福音教会伝道礼拝
11月24日	すべての事について感謝しなさい〈収穫感謝〉	ルカ12：13-21、Ⅰテサ5：18
12月22日	やみに輝く光〈クリスマス礼拝〉	ヨハ1：1-18

永田竹司牧師説教一覧

1992 年

1月12日	生命の言なるキリスト	ヨハ4：7-26	
1月17日	Renewal by God	ロマ12：1-2	＊婦人会
3月1日	成長させてくださる神	Ⅰコリ3：5-9	
4月16日	〈洗足木曜日〉	ヨハ13：1-15	
4月19日	復活の主	ロマ14：7-9	
5月17日	愛に根ざして真理を語る	エフェ4：14-16	
7月19日	福音の前進のために	フィリ4：4-7	

1993 年

5月9日	信仰の眼	マタ6：25-34	＊永山教会

1994 年

4月20日	新しくなるために	ガラ6：14-16	＊CH

1996 年

4月28日	礼拝と宣教	ヨハ14：18-24
9月1日	変わることがない方によって変えられる恵み	マタ19：23-30

1997 年

6月8日	野の花でさえ	マタ6：25-33

1999 年

4月4日	復活——その光と影	ロマ6：8-14

2001 年

9月26日	わたしはどのようにしてキリスト者となったか	ヘブ11：1-2	＊CH

2002 年

9月1日	そうすればあなたの光は曙のようにあらわれ出る	マタ25：31-40
10月6日	主の杯	マタ20：20-28
10月27日	生き生きとした教会生活を目指して	ロマ12：1-5
11月24日	感謝に生きる	詩138：1-8
12月22日	神われらと共にいます〈クリスマス礼拝〉	マタ1：18-25
12月24日	〈クリスマスイブ礼拝〉	ルカ1：46-55

2003 年

1月26日	前のものに向かって	フィリ3：12-16	
2月16日	隣人になる道	ルカ10：30-37	
3月23日	苦難を喜ぶ	ロマ5：1-5	
4月16日	狭い門から入れ	マタ7：13-14	＊CH
4月20日	復活信仰の確認	Ⅰコリ15：55-58	

5月18日	ゆるしといやし	マタ9：1-8
6月15日	平和の鐘	エフェ6：10-18
7月6日	主の食卓を囲む恵み	エフェ2：11-22
9月14日	地の塩、世の光	マタ5：13-16
10月5日	聖霊による一致	エフェ4：1-6
12月21日	クリスマスの困惑〈クリスマス礼拝〉	マタ1：18-21
12月24日	信頼の再発見〈クリスマスイブ礼拝〉	ルカ2：8-14

2004年

1月18日	世界に開かれた生	ルカ7：11-17
2月8日	『永遠の命』を得るために	マコ10：17-22
3月7日	苦難と慰め	Ⅱコリ1：3-7
4月11日	心が内に燃えたではないか	ルカ24：25-32
4月14日	前のものに向かって	フィリ3：13-14　*CH
5月2日	復活後の教会	ヨハ16：7-11
5月30日	教会の誕生	ヨエ2：28-29、使2：1-4
6月27日	平和に生きる	ロマ12：17-21
9月12日	福音に相応しい信仰	マコ14：3-9
10月3日	主の死を告げ知らせる聖餐	Ⅰコリ11：26-29
11月7日	天にあるふるさと	ヘブ11：13-16
12月19日	キリストの到来〈クリスマス礼拝〉	ヨハ1：1-5

2005年

1月	望みの忍耐	マコ4：30-32　*キリスト教学校教育同盟機関紙掲載文
1月16日	人は何者なのでしょう	詩8：8-9
2月13日	岩の上に建てた家	マタ7：24-27
3月27日	死人の復活――創造とあがない	Ⅰコリ15：12-19
4月13日	行く先を知らないで	ヘブ11：8-10　*CH
4月24日	主にある喜び	フィリ4：4-7
5月15日	聖霊降臨	使2：1-4
6月26日	神は何でもできる	マコ10：27-31
9月11日	世界の切なる望み	ロマ8：18-25
10月2日	主の晩餐の交わり	マコ14：22-25
11月6日	泣かないでいなさい	ルカ7：11-17
12月24日	神からの贈り物〈クリスマスイブ礼拝〉	マタ2：1-6
12月25日	神われらと共にいます〈クリスマス礼拝〉	マタ1：18-23

2006年

1月29日	礼拝と奉仕	エフェ5：15-21
2月19日	迷うことを恐れるな	マタ18：12-14
3月26日	キリストの苦難を思う	ロマ5：6-8
4月12日	立て、ここから出かけて行こう	ヨハ14：30-31　*CH

永田竹司牧師説教一覧

4月16日	復活のイエスを見る	ルカ 24：25-32
5月7日	共に悩み共に喜ぶ教会	Ⅰコリ 12：22-27
6月4日	ペンテコステの出来事	使 2：43-47
6月25日	この一事	フィリ 3：12-16

2007年

9月16日	賜物の活用	マタ 25：19-27
10月7日	あなたの心はどこにあるのか	マタ 6：19-21
11月4日	過去、現在、未来を結ぶ信仰	ヘブ 12：1-3
12月23日	お言葉どおりこの身に成りますように〈クリスマス礼拝〉	ルカ 1：46-55

2008年

1月20日	自分を捧げる	ロマ 12：1-8
2月17日	神に対して富む	ルカ 12：16-21
3月24日	新しい命	ヨハ 20：1-10
4月15日	出あうこと	ルカ 1：25-29 *CH
4月20日	キリストを知る	フィリ 3：10-12
5月11日	聖霊降臨	使 2：1-4
6月8日	愛によって働く信仰	ガラ 5：13-15
6月29日	愛はたえることがない	ヨハ 11：17-26
9月21日	見ないで信じる者は幸い	ヨハ 20：24-31
10月19日	教会の子どもたち	マコ 10：13-16
11月16日	二つのものから新しい人へ	エフェ 2：14-16
12月21日	すべての人のための大きな喜び〈クリスマス礼拝〉	ルカ 2：8-14
12月24日	The Spirit of Christmas〈クリスマスイブ礼拝〉	

2009年

1月25日	岩の上の家	マタ 7：24-27
2月15日	罪人の客	ルカ 19：1-10
3月8日	弱さがわかる神	ヘブ 2：14-18
4月12日	死ぬものが死なないものを着る時	Ⅰコリ 15：50-58
4月14日	友をつくるしたたかさ	ルカ 16：1-9 *CH
5月3日	あなたがた自身が教会	Ⅰコリ 12：27-31
5月31日	聖霊の降臨	使 2：14-18
6月28日	狭き門からはいれ	マタ 7：13-14
8月23日	神自ら人と共にいます	黙 21：1-4
9月20日	希望を喜ぶ	ロマ 5：1-5
10月4日	主イエスを記念して	Ⅰコリ 11：23-26
11月1日	多くの証人に囲まれ	ヘブ 12：1-3
12月20日	神のひとり子の誕生〈クリスマス礼拝〉	ヨハ 1：9-14

2010年

1月10日	家造りらの捨てた石	マタ 21：42-43
2月14日	バルテマイの信仰	マコ 10：46-52
3月7日	主イエスの苦難を思う	マコ 14：32-28
3月21日	寛容のはじまり	ルカ 5：17-26
4月4日	復活――愛の希望	Ⅰコリ 15：19-26
4月13日	我々は何者か	Ⅰヨハ 4：7-9 *CH
5月2日	右の手のすることを左の手に知らせるな	マタ 6：1-4
6月27日	豊かな実り	ヨハ 15：1-5
9月12日	主の言葉によって生きる	申 8：3
10月24日	私たちは主のもの	ロマ 14：7-8
10月26日	もしそこに十人いたら	創 18：32-33 *CH
11月7日	見えないものに目をそそぐ	Ⅱコリ 4：16-18
12月19日	飼い葉桶に寝かされた幼な児〈クリスマス礼拝〉	ルカ 2：15-20

2011年

1月9日	今も働いておられる神	コロ 1：15-20
1月30日	よい羊飼いなるイエス	ヨハ 10：11-16
2月20日	生活を献げる信仰	マコ 12：41-44
3月27日	十字架を負う	マコ 8：31-38
4月12日	天の宝	マタ 6：19-21 *CH
4月24日	復活――かねて言われたとおり	マコ 16：1-8
6月5日	空の鳥、野の花	マタ 6：25-30
6月26日	一つの新しい人	エフェ 2：11-16
9月11日	他者への関心	マタ 5：43-48
10月9日	神の国のための教育	ルカ 17：20-21
11月6日	たとい死んでも生きる	Ⅰヨハ 1：17-26
12月4日	主の道を備えよ	ルカ 3：1-6
12月24日	闇の中に輝く光〈クリスマスイブ礼拝〉	ヨハ 1：5

2012年

1月8日	異邦人にも	使 11：15-18
2月12日	キリストのくびき	マタ 11：28-30
3月4日	試練にあわれたイエス	ルカ 4：1-13
4月8日	どこで復活の主に会うのか	マタ 28：1-10
4月17日	あなたはどこにいるのか	創 3：8-9 *CH
5月6日	教会の一員としての生	ロマ 12：1-5
6月3日	神の教会――理想か現実か	Ⅰコリ 1：1-9
6月17日	〈音楽礼拝〉	エフェ 5：15-21
10月7日	みんなの者がひとつになるため	ヨハ 17：20-23
11月11日	キリストに向かう成長	Ⅰコリ 13：8-13
12月23日	わたしたちのための救い主〈クリスマス礼拝〉	ルカ 2：8-14

永田竹司牧師説教一覧

2013年

1月13日	新しさ vs. 古さ	マコ2：18-22
2月12日	人々でなく、あなたは	マコ8：27-30　*CH
2月17日	イエスの御名によって	フィリ2：5-11
3月31日	死から命へ	マタ28：1-10

2015年

1月4日	希望をもって喜ぼう	ロマ8：22-25

※以上は教会資料・大学宗務部の記録を基に一覧化した。
※音楽礼拝や洗足木曜日礼拝など、説教題のないものについては教会暦のみを記した。
※漢字表記は、説教原稿執筆当時に一般的であったものとしてそのまま用いた。

著者紹介

永田竹司（ながた・たけし）

1947年生まれ。1970年東京クリスチャンカレッジ神学専攻科卒。1971年から74年まで米国ゴードン・コンウェル神学校留学（M. Div.）、1974年から81年までプリンストン神学校留学（Th. M., Ph. D.）。帰国後、国際基督教大学人文科学科およびアーツ・サイエンス学科教授（宗教・新約聖書学専攻）を務め、2013年退職。現在、同大学名誉教授。また、1981年から92年までICU教会副牧師、2002年から13年まで主任牧師。現在、同教会名誉牧師。

著書　『新共同訳 新約聖書略解』『総説 新約聖書』『聖書学用語辞典』（以上共著、日本キリスト教団出版局）ほか。

訳書　H. ケスター『新しい新約聖書概説　下』（新地書房）、G. D. フィー『新約聖書の釈義』（教文館）ほか。

見えない希望のもとで——永田竹司説教集

2016年11月30日　初版発行

著　者　永田竹司
発行者　渡部　満
発行所　株式会社　教文館
〒104-0061 東京都中央区銀座4-5-1
電話 03(3561)5549　FAX 03(3250)5107
URL　http://www.kyobunkwan.co.jp/publishing/
印刷所　株式会社　平河工業社

配給元　日キ販　〒162-0814 東京都新宿区新小川町9-1
電話 03(3260)5670　FAX 03(3260)5637

ISBN　978-4-7642-6121-1　Printed in Japan